KB211853

전통을 옹호하다

전통의 의미와 재발견, 회복에 관하여

야로슬라프 펠리칸 지음 · 강성윤 옮김

The Vindication of Tradition

전통을 옹호하다
전통의 의미와 재발견, 회복에 관하여

야로슬라프 펠리칸 지음 · 강성윤 옮김

비아

| 차례 |

서문

미국 국립인문재단National Endowment for the Humanities의 요청으로 1983년 제퍼슨 강연*을 준비하면서 저는 평생 해 온 연구를 체계적으로 되돌아볼 기회를 얻었습니다. 저는 전통이 전개되는 과정에서 지속되는 것과 변화하는 것을 연구해 왔습니다. 다만 이 전개 과정을 역사적으로 고찰하는 것은 본 강연의 목표가 아닙니다. 그러한 고찰은 『그리스도교 전통 - 교리 발전의 역사』The Christian Tradition: A History of the Development

---

* 제퍼슨 강연은 미국 3대 대통령이었던 토머스 제퍼슨Thomas Jefferson의 이름을 따 1972년부터 미국 국립인문재단에서 진행해 온 강연으로 1년에 한 번 열리며 인문학 분야에서 탁월한 지적 성취를 이룬 이에게 미국 연방 정부가 수여하는 최고의 영예로 꼽힌다. 대표적인 강연자로 라이오넬 트릴링 Lionel Trilling, 에릭 에릭슨Erik Erikson, 레셰크 코와코프스키Leszek Kołakowski, 토니 모리슨Toni Morrison, 하비 맨스필드Harvey Mansfield, 마사 누스바움Martha Nussbaum 등이 있다.

of Doctrine에서 행한 바 있고, 다섯 권으로 기획된 이 책은 지금까지 네 권이 출간되었습니다.* 저는 제가 쓴 책을 인용하지 않는 편입니다만, 이 강연에서는 『그리스도교 전통』을 비롯한 저의 저서들을 종종 인용했습니다. 그리고 네 차례 이루어진 강연 전체와 연관된 문헌 자료는 처음 두 강연의 각주에서 집중적으로 소개했습니다. 뒤의 두 강연에서 제시할 주장의 토대를 마련하기 위해서 말이지요.

저보다 앞서 제퍼슨 강연의 연단에 선 분들을 본받아, 강연을 기록한 이 글에서도 현장의 분위기를 간직하려 노력했습니다. 그래서 학술적인 글에서 자주 사용하지 않는 일인칭 대명사도 여기서는 자주 썼습니다. 이렇게 한 데에는 두 가지 이유가 있는데, 첫째로 이 글에서 높이 평가하고 있는 전통에서는 수사학을 매우 중시했기 때문에 그에 합당한 서술 방식이 필요하다고 판단했으며, 둘째로 독자들도 실제 강연의 현장감을 느낄 수 있어야 한다고 생각했기 때문입니다.

1983년 5월부터 9월까지 강연은 (시간 순서대로) 워싱턴 D.C.에 있는 미국 국립 학술원 강당, 시카고 대학교 글렌 로이드 강당, 샌프란시스코 전쟁기념관 허브스트 극장, 로스앤

---

* 『그리스도교 전통 - 교리 발전의 역사』는 1990년 완간되었다.

젤레스 서던캘리포니아 대학교 실리 G. 머드 빌딩, 옥스퍼드 대학교 셸더니언 극장입니다. 이곳에서 제 이야기에 귀 기울여 주신 분들과 저를 초청해 주신 분들께, 특히 미국 국립인문재단 의장 윌리엄 베넷William Bennett과 그의 동료들에게 깊이 감사드립니다.

전통의 재발견
– 경과보고

리처드 알트먼Richard Altman이 쓴 『뮤지컬의 형성 - 지붕 위의 바이올린』The making of a musical: Fiddler on the roof에 나오는 일화를 소개하며 강연을 시작해 볼까 합니다. 이 일화는 이번 제퍼슨 강연의 주제를 알기 쉽게 요약하고 있기 때문입니다. 알트먼의 책은 숄롬 알레이헴Sholom Aleichem의 작품을 원작으로 한 브로드웨이 뮤지컬《지붕 위의 바이올린》Fiddler on the Roof이 전 세계에서 성공을 거두기까지의 이야기를 담고 있습니다.

이 작품은 삶의 방식 전체가 붕괴하는 과정을 다루고 있었다. 작품이 이를 다루고 있음을 알아본 사람이 몇이나 될지는 모르겠다. 하지만 적어도 우리는 모두 이 작품을 보고 놀라워했다. 그리고 이 흥미진진한 사실을 알게 되자 《지붕 위의 바이올린》 연출 및 안무를 맡은 제롬 로빈스Jerome Robbins는 말했다. "음, 이 작품이 전통과 전통이 해체되는 과정에 관한 거라면, 관객한테 이 전통이 뭔지도 말해 줘야겠네요." … "전통"이야말로 《지붕 위의 바이올린》을 이해하는 열쇠였다.[1]

뮤지컬을 여는 노래도 '전통'Tradition이라는 제목의 춤곡인데, 많은 관객이 이 노래를 인상적으로 들으셨을 겁니다. 《지붕 위의 바이올린》에서 이보다 더 유명한 곡은 주인공 테브예Tevye가 부르는 (신성하고도 불가사의한 계획을 비웃으며 신에게 반항하는) '내가 부자라면'If I Were a Rich Man이 유일하겠지요.

제롬 로빈스가 옳습니다. "이 작품이 전통과 전통이 해체되는 과정에 관한 거라면, 관객한테 이 전통이 뭔지도 말해 줘야" 합니다. 르네상스나 계몽주의 이후 서구 지성사가 "전통과 전통이 해체되는 과정에 관한" 거라면, 연구자들은 그

---

1 Richard Altman with Mervyn Kaufman, *The Making of a Musical: 'Fiddler on the Roof'* (New York: Crown Publishers, 1971), 31.

역사를 읽거나, 듣는 이들에게 "전통이 뭔지도 말해 줘야" 합니다. 비교적 최근까지 학자들은 당연히 독자들이 이 전통을 어느 정도 알고 있다고 생각했습니다. 기념비와 같은 『브리태니커 백과사전』Encyclopedia Britannica 11판을 보면, 저자들이 어느 정도 교육을 받은 독자들이라면 당연히 그리스어와 라틴어를 읽을 줄 알 것이라고, 그리스와 로마의 고전이나 성서를 별다른 설명 없이 언급하거나 인용해도 당연히 그 맥락을 이해할 것이라고 전제하고 있음을 알 수 있습니다. 어떤 책이 고전이고 정전인지, 독자들이 어째서 이 책들을 알아야 하는지 구태여 설명하지 않아도 된다고 가정하고 있지요.[2]

물론 이런 가정에는 어느 정도 자기기만과 거짓(과 우월 의식)이 스며들어 있습니다. 『브리태니커 백과사전』 14판 편집자이자 기고자로서 저는 존 맬컴 미첼John Malcolm Mitchell이 작성한 '델로스 동맹'Delian League 항목의 분량이 무기명으로 작성된 '우라늄' 항목의 네 배였던 11판과 당시의 예상 독자층을 동경 어린 시선으로 보기란 얼마나 쉬운 일인지 잘 알고 있습니다. 하지만 존 블래신게임John Blassingame 교수가 편집하고 예일 대학교 출판부에서 펴내고 있는 프레더릭 더글러

---

2   Herman Kogan, *The Great EB: The Story of the Encyclopaedia Britannica* (Chicago: University of Chicago Press, 1958), 167~180.

스Frederick Douglass* 저작집 같은 경우를 보더라도, 흑인 공동체의 지적·도덕적 지도자였던 더글러스가 성서를, 그것도 심지어 신약보다 구약을 자유롭게 인용한다는 사실, 잠재 독자들이 공유하는 전통의 핵심인 성서와 독자들의 경험을 아주 쉽게 연관 짓는다는 사실을 알 수 있지요. 더글러스가 성서를 이용해서 논의를 전개한 것은 커다란 효과를 발휘했습니다. 흑인을 억압하는 등 성서의 정신에 반하는 행태를 보이던 당시 백인들조차 성서의 권위를 인정했기 때문이지요.

학자들의 기대에 부합할 만큼 과거 독자들이 실제로 지적 전통에 관한 지식을 갖고 있었든 그렇지 않았든 간에, 오늘날 저처럼 대학교에서 학부생 혹은 신학생을 가르치는 사람들은 이제 학생들에게 그런 기대를 품는 건 허황한 일임을 잘 알고 있습니다. 이와 관련해서는 무수한 예를 들 수 있지

---

* 프레더릭 더글러스(1817~1895)는 미국의 사회개혁가, 정치가, 작가다. 미국 내 노예제도가 있던 시기 노예로 태어나 독학으로 읽고 쓰는 법을 익힌 뒤 고용주로부터 탈출해 흑인 교회를 포함한 다양한 조직에 가입해 노예제 폐지를 주장하고 이와 관련된 다양한 글을 썼으며 여성 참정권 운동에도 적극적으로 참여했다. 그의 자서전 『미국 노예, 프레더릭 더글러스의 삶에 관한 이야기』Narrative of the Life of Frederick Douglass, an American Slave는 당시 베스트셀러로 등극했고 프랑스어와 네덜란드어로 번역되었다.

만, 가장 기막힌 사례는 스터즈 터클Studs Terkel**이 제게 들려준 일화입니다. 최근 그는 강의를 하다 몇몇 학생들을 나무라면서 전통에 대한 감각은 전혀 없고 음악의 역사가 밥 딜런Bob Dylan부터 시작된 줄 안다고 이야기했습니다. 그런데 그 중 한 사람이 이렇게 반문했다고 하더군요. "밥 딜런이 누군데요?" 웃기지만, 이 이야기는 우리가 중대한 문제와 마주하고 있음을 보여줍니다. 앞서 제롬 로빈스가 했던 말을 빌리면 오늘날 학자들은 "관객한테 이 전통이 뭔지도 말해 줘야" 하는 과제를 갖게 되었습니다. 그러지 않으면 전통을 상실해 온 역사를 이해할 수 없음은 물론이고, 우리가 공유하는 역사의 그 어떤 부분도 이해할 수 없을 것입니다.

　다행스럽게도 이 문제에 대처하기 위한 지적 · 학문적 도

** 스터즈 터클(1912~2008)은 미국의 작가, 역사가, 방송인이다. 시카고 대학교에서 법학 박사 학위를 받았지만 법조계에 들어가지 않고 라디오 드라마 성우, 뉴스와 스포츠 중계 해설자, 라디오 음악 방송 진행자, 구성 작가로 활동했다. 1952년부터 1997년까지 '스터즈 터클 프로그램'이라는 라디오 프로그램을 진행했고 동시에 시카고 역사박물관 특별 상주 학자로 있으면서 다양한 책을 펴냈다. 『선한 전쟁』The Good War으로 퓰리처상을 받았다. 국가 인문학 대통령 훈장, 국립 도서 재단 훈장, 조지 포크 상, 전미 도서비평가협회 이반 산드로프 평생의 위업상 등을 받았다. 한국에는 『희망은 사라지지 않는다』(이매진), 『재즈, 매혹과 열정의 연대기』(이매진), 『나의 100년』(이매진) 등이 소개된 바 있다.

구가 없지는 않습니다. 지난 수십 년은 가정, 공동체, 학교, 교회가 전통을 구성하는 이런저런 요소들을 후속 세대에게 전달하는 능력과 의지를 잃어가는 시간이었다고 해도 과언은 아닐 겁니다. 하지만 동시에 다양한 분야의 인문학 연구자들이 '전통'을 재발견한 시기기도 하지요.[3] 다양한 전통의 구체적인 내용뿐 아니라, 연구의 범주와 방법으로서의 전통(혹은 전승) 개념 자체도 재발견의 대상이 되었습니다.[4] 우리보다 앞선 세대의 연구자들, 그리고 그들이 염두에 둔 독자들은 우리보다 특정 전통, 혹은 그 일부에 대해 더 구체적으로 알고 있었을지 모릅니다. 하지만 지금 우리에게는 그들보다 더 전통을 잘 탐구할 수 있는 많은 도구가 있습니다.

우리가 이런 도구들을 갖출 수 있게 된 것은 사회 과학, 그중에서도 인류학의 시대가 도래했기 때문입니다.[5] 인류학자들은 각양각색의 사회들, 특히 원시 사회primitive society를 다룬

---

3   Josef Pieper, *Über den Begriff der Tradition* (Cologne: Westdeutscher Verlag, 1958), 13~20. '전통을 "물려주기"'에 대해서 논의하는 15쪽이 특히 흥미롭습니다.

4   이와 관련해서는 다음을 보십시오. Yves M. J. Congar, *Tradition and Traditions: An Historical and a Theological Essay* (New York: Macmillan Company, 1967)

5   이와 관련해서는 다음을 보십시오. Edward Shils, *Tradition* (Chicago: University of Chicago Press, 1981)

경험적 연구를 통해 전통이 어떤 씨족이나 종족을 결속시키는 접착제 역할을 한다는 사실을 밝혀냈습니다. 연구자들은 집단의 구성원들이 "우리는 항상 이렇게 해 왔습니다"라고 자주 말한다는 사실을 거듭 확인했지요. 설령 그 관습이 집단에 자리 잡게 된 지 그리 오래되지 않았다 해도 말입니다. 전통은 젊은이가 성인의 특권과 책임을 지니도록 통과 의례를 거행하는 방식, 삶의 마지막을 기리는 특유의 방식 등의 관습을 통해 가장 분명하게 드러나고 전달됩니다.[6] 이런 관습에는 전승으로 내려오는 문구를 낭송하고 주문을 외는 행위도 포함되곤 하는데, 원시 사회에서든 발전된 문화권에서든 이런 문구는 (영어의 '그대'thou라는 표현처럼) 언어학적으로 오래된 것이거나, (고대 교회 슬라브어처럼) 사람들이 일상에서는 더는 사용하지 않는 언어, 많은 사람이 이해하지 못하는 특별한 종교 언어로 있는 경우가 많습니다. 주의할 점은, 전통 사회와 탈전통 사회라는 통상적인 이분법이 유용할 때도 많지만, 그렇기 때문에 이런 '근대' 사회는 자신의 전통과 건설적 관계를 맺고 있지 않다고 생각해서는 안 된다는 것입니

---

6 이와 관련해서는 다음을 보십시오. Claude Lévi-Strauss, *The Raw and the Cooked* (New York: Harper and Row, 1969) 『신화학 1』(한길사)

다. 쉬무엘 아이젠슈타트Shmuel Eisenstadt*를 비롯한 연구자들이 바로 이 점을 지적하고 있지요.[7]

인류학의 발견과 통찰이 제가 다루려는 주제와 분명한 관련이 있기는 하지만 제가 그 분야의 전문가는 아닌 관계로, 이제부터는 제가 연구한 분야를 중심으로 이야기를 진행하려 합니다. 그리스어와 라틴어로 전해 내려온 전통과 문헌들, 그중에서도 그리스도교 전통에 속한 문서들에 대해서 말이지요. 하지만 먼저 더 오래된 문서들, 그리스식 혹은 헬레니즘 양식의 그리스도교 문헌이 나타나기 이전 시기 그리스어 문헌들로 이야기를 시작하겠습니다. 20세기 들어 학문에

---

* 쉬무엘 아이젠슈타트(1923~2010)는 폴란드 출신 이스라엘의 사회학자다. 예루살렘 히브리 대학교에서 공부했고 1944년부터 히브리 대학교 교수로 활동했다. 시카고 대학교, 하버드 대학교, 취리히 대학교, 하이델베르크 등 수많은 대학교의 객원 교수를 역임했으며 미국 예술 과학 학술원, 이스라엘 학술원, 영국 학술원의 회원이었다. 다양한 문명에 대한 비교연구를 통해 '다중 근대성'이라는 개념을 제시한 학자로 널리 알려져 있으며, 서구 문화, 사회를 여러 문화와 사회 발전의 자연스러운 귀결로 보는 유럽 중심의 해석으로부터 근대성에 대한 이해를 새롭게 하는 데 공헌한 학자로 평가받는다. 한국에는 『다중적 근대성의 탐구』(나남)이 소개된 바 있다.

[7] S.N. Eisenstadt, 'Post-Traditional Societies and the Continuity and Reconstruction of Tradition', *Daedalus* 102 (1973), 1~27. 그리고 다음을 참조하십시오. Jessie G. Lutz and Salah El-Shakhs, *Introduction Tradition and Modernity: The Role of Traditionalism in the Modernization Process* (Washington, D.C.: University Press of America, 1982), 1~5.

서 전통을 재발견한 사례 중 가장 극적인 사례가 여기서 나왔으니 말이지요. 그리고 그 주인공은 탁월한 학자였으나 안타깝게도 이른 나이에 세상을 떠난 밀먼 패리Milman Parry*였습니다.[8]

현대 고전 문헌학의 창시자로 평가받는 F. A. 볼프F. A. Wolf의 『호메로스 서설』Prolegomena ad Homerum(1795)이 출간된 이후 연구자들은 『일리아스』Iliad와 『오뒷세이아』Odyssey의 원천을 발견하려 애썼습니다(비슷한 시기 그리스도교 문헌 연구자들은 모세 오경과 복음서의 여러 원천을 찾기 위해 노력을 기울이고 있었지요). 패리는 호메로스가 오늘날 편집자와 유사한 방식으로 작업했으리라고 가정하는 것은 시대착오라고 생각했습니다(호메로스가 실제로 어떤 사람, 혹은 사람들이었든 간에 말이지요). 패리는 호메로스의 신화를 추적하면서 오늘날 유고슬라비아에 해

** 밀먼 패리(1902~1935)는 미국의 고전학자다. 캘리포니아 버클리 대학교에서 고전학으로 학사, 석사 학위를 받았으며 파리 소르본 대학교에서 호메로스에 관한 연구로 박사 학위를 받았다. 이후 유고슬라비아에 방문해 구전 전승 연구를 진행했으며 이를 바탕으로 호메로스 서사시의 구조가 구전의 형태를 띠고 있다는 '구전 공식 가설'을 제시했다. 이른 나이에 불의의 사고로 세상을 떠났으나 페리의 가설은 호메로스 연구에 근본적인 변화를 일으켜 학자들은 그를 '호메로스 연구의 다윈'으로 평가한다.

8 Milman Parry, *The Making of Homeric Verse* (Oxford: Clarendon Press, 1971)

당하는 오지로 들어갔습니다. 그는 원시 부족 구성원들이 앞선 세대에게서 전해 들은 서사시를 노래하고 암송하며 이를 후대에 전달하는 모습을 관찰했습니다. 몇 년이 지난 1937년, 이제는 고인이 된 레베카 웨스트Rebecca West가 유고슬라비아를 찾았을 때도 똑같은 경험을 했지요. 웨스트의 남편은 자신이 본 광경을 이렇게 묘사했습니다.

세계가 시작된 이후 ... 이들은 백만 번쯤 반복해 호메로스 전승을 전달하고 있음이 분명했다. 그럼에도 그 모습은 너무나 신선해 보였다. 사실 『일리아스』가 그렇다. 이 작품 속에서 활시위를 당기고 방패를 치켜드는 사람에 관해 읽다 보면, 세계가 탄생할 때 맺힌 아침 이슬이 사라지지 않고 여전히 그 방패 위에 맺혀 있는 것만 같다.[9]

아우구스티누스Augustine의 말을 빌리자면, "실로 오래된, 실로 새로운 아름다움"이었던 것이지요.[10]

이런 식으로 문헌을 연구하는 분야를 오늘날 학계에서는

---

[9] Rebecca West, *Black Lamb and Grey Falcon: A Journey through Yugoslavia*, 2 vols. (New York: Viking, 1961), 2:1044.

[10] Augustine, *Confessions*, 9.27.38. 『고백록』(경세원)

전통사(전승사)tradition-history라고 부릅니다. 프랜시스 콘퍼드 Francis Cornford, 제인 해리슨Jane Harrison, 길버트 머레이Gilbert Murray와 같은 학자들은 전통사의 방법을 그리스 희곡과 철학에까지 적용해 오늘날까지도 논란이 많지만, 그만큼 흥미롭고 생산적인 연구들을 내놓았습니다.[11] (이에 앞서) 성서학자들은 신약성서에 이 방법을 적용해 본문 내부와 그 너머에 있는 전통을 탐색함으로써 기나긴 성서 해석의 역사에서 완전히 새로운 장을 열었지요.[12] 물론 교부들도 마태오, 마르코, 루가 복음서 저자들이 상당 부분 동일한 자료를 가지고 서로 다른 방식으로 작업했다는 사실을 알고 있었습니다.[13] 복음서 저자들은 순전한 개인으로서 자신들이 가지고 있던 자료를 재가공하지 않았으며 특정 공동체 안에서, 특정 공동

---

11 다음을 참조하십시오. Francis Cornford, *From Religion to Philosophy: A Study in the Origins of Western Speculation* (New York: Harper Torchbooks, 1957) 『종교에서 철학으로』(이화여자대학교출판문화원) Jane Ellen Harrison, 'Excursus on the Ritual Forms Preserved in Greek Tragedy', *Themis: A Study of the Social Origins of Greek Religion* (Cambridge: Cambridge University Press, 1912), 341~63. Gilbert Murray, 'Prolegomena to the Study of Ancient Philosophy', 'The 'Tradition' or Handing Down of Greek Literature', *Greek Studies* (Oxford: Clarendon Press, 1946)

12 다음을 참조하십시오. Werner Georg Kümmel, *The New Testament: The History of the Investigation of Its Problems* (Nashville: Abingdon Press, 1972) 『신약정경 개론』(대한기독교출판사)

13 Augustine, *Harmony of the Gospels*, 1.3.56.

체를 위해 작업했습니다. 복음서 저자들에 앞서서 공동체가 있었고 자료가 있었습니다. 어떤 복음서가 가장 먼저 기록되었든(보통 마르코 복음서가 가장 먼저 쓰였다고 봅니다) 실제로 맨 앞에는 전통(전승)이 있었던 것이지요.

공관복음은 서로를 참조하고, 지금은 전해지지 않는 다른 어떤 문헌을 참조했을 뿐만 아니라, 바로 이 전통에 의존했습니다(매우 이른 시기부터 사람들은 요한 복음서는 전혀 다른 문헌이라는 사실을 알고 있었습니다).[14] 이러한 맥락에서 20세기 신약 연구의 특징은 (이 주제에 관한 가장 영향력 있는 연구 중 하나인 루돌프 불트만Rudolf Bultmann의 책 제목을 빌리면) '공관복음 전통의 역사(공관복음 전승사)'the history of the Synoptic tradition라고 할 수 있습니다.[15] 이 표현은 훗날 불트만이 펴낸 (악명 높은) 「신약성서와 신화」The New Testament and Mythology라는 글과 관련지어 생각하면 흥미롭습니다. 「신약성서와 신화」는 그리스도교 전통에서 주류를 이루는 신약 해석을 여러 측면에서 공격하고 있기 때문이지요.[16] 불트만을 포함해 어떤 학자들은 (지금은

---

14 Augustine, *Harmony of the Gospels*, 1.4.7.

15 Rudolf Bultmann, *The History of the Synoptic Tradition* (New York: Harper and Row, 1968) 『공관복음서 전승사』(대한기독교서회)

16 Hans Werner Bartsch(ed.), *Kerygma and Myth* (New York: Harper and Row, 1961)

전해지지 않는) 복음서 이전 전통은 복음서 해석의 필수 요소로 간주하지만, 교회가 간직한 (수천 권의 책으로 남아 있는) 복음서 이후 전통은 그만한 지위를 갖고 있다고 생각하지 않는 듯합니다. 하지만 성서 이전에도, 그리고 이후에도 전통은 분명히 존재했습니다. 피에르 그렐로Pierre Grelot의 말을 빌리면, 전통은 "성서의 원천이자 배경"이었습니다.[17]

복음과 전통을 뚜렷하게 구별하는 것은 프로테스탄트 종교개혁가들이 내세운 주요 강령 중 하나였습니다. 이를테면 루터Martin Luther는 2세기 말부터 3세기 초까지 활동한 테르툴리아누스Tertullian를 사도들 이후 나타난 최초의 그리스도교 저술가로 오해해, 저술 연대도 성서와 전통을 가르는 기준 가운데 하나가 될 수 있다고 믿었습니다.[18] 이처럼 종교개혁가들은 그리스도교 역사를 이해할 때 자신들이 회복한 '참된 복음'과 16세기까지 전개된 '전통'의 차이를 강조했습니다. 위클리프Wycliffe와 후스Hus와 같은 "종교개혁의 선구자"들, 일부 교부들은 종교개혁의 정당한 선조로 인정했지만 말입

---

17   Pierre Grelot, 'Tradition as Source and Environment of Scripture', *The Dynamism of Biblical Tradition* (New York: Paulist Press, 1967)

18   Jaroslav Pelikan, *Luther the Expositor: Introduction to the Reformer's Exegetical Writings* (Saint Louis, Mo.: Concordia Publishing House, 1959), 83~84.

니다.[19] 하지만 이런 관점의 역사 서술에서 저 선구자들과 선조들은 종교개혁가들을 돋보이게 해 주는 역할에 그치는 경우가 많았습니다.

이러한 관점은 오랜 기간 표준 해석으로 영향력을 행사해 왔습니다. 하지만 오늘날 연구자들은 다양한 측면에서 종교 개혁과 전통의 관계를 수정하고 있지요. 가장 중요한 변화는 그동안 무시당한 14세기와 15세기 지성사를 점차 주목하기 시작했다는 점입니다. 그전까지 중세 연구자들은 아씨시 프란치스코Francis of Assisi와 보나벤투라Bonaventure, 토마스 아퀴나스Thomas Aquinas와 단테Dante의 시대에만 골몰했고 종교개혁 연구자들은 16세기를 연구의 출발점으로 삼는 경향이 있었습니다. 아퀴나스와 루터의 원전 비평판이 출간되고, 개정판이 나오고, 새로운 번역본이 나오는 동안에도, 이 두 사람 사이에 있는 250년 동안 등장했던 중요한 사상가들(이를테면 오컴의 윌리엄William of Ockham이나 쿠사의 니콜라스Nicholas of Cusa)의 원전 비평판은 찾아볼 수 없었지요.[20]

---

19 다음을 참조하십시오. Heiko Augustinus Oberman, *Forerunners of the Reformation: The Shape of Late Medieval Thought Illustrated by Key Documents* (1966, reprint, Philadelphia: Fortress Press, 1981)

20 오컴의 윌리엄의 첫 번째 원전 비평판은 성보나벤투라 대학교 프란치스코회 연구소에서 출간하기 시작해 완간을 앞두고 있습니다. 쿠

유럽과 아메리카, 로마 가톨릭과 개신교, 교회사와 정치사와 사회사 분야를 막론하고, 지난 세대의 연구자들이 헌신한 덕분에 우리는 종교개혁을 원래의 역사적 맥락 안에 다시 위치시킬 수 있었습니다. 종교개혁과 전통이 갈라서게 된 경위뿐 아니라, 종교개혁과 전통이 서로 긍정적인 영향을 주고받은 과정도 알아볼 수 있게 되었지요. 이런 발견에 자극을 받은 다른 연구자들(저 역시 그런 연구자 가운데 하나입니다만)은 종교개혁가들과 앞선 전통의 관계를 재검토하고,[21] 루터와 칼뱅Jean Calvin에게는 자명했지만 오늘날에는 자명하지 않을 수도 있는 전통의 요소들, 이를테면 삼위일체 같은 정통 교리에 초점을 맞추어 연구를 진행하고 있습니다.[22] 이런 연구들이 다시 그려낼 16세기의 모습은 이전만큼 질서정연하지는

사의 니콜라스의 원전 비평판은 1932년 하이델베르크 학술원에서 출간하기 시작해 현재까지 나오고 있습니다.

*오컴의 윌리엄 원전 비평판은 1988년, 쿠사의 니콜라스 원전 비평판은 2010년 완간되었다. William of Ockham, *Opera philosophica et theologica*, 17 vols (St. Bonaventure, N. Y.: The Franciscan Institute, 1967-88) Nicolai de Cusa, *Nicolai de Cusa Opera Omnia*, 26 vols (Leipzig: In aedibus Felicis Meiner, 1932-2014)

21 Steven E. Ozment, *Reformation in Medieval Perspective* (Chicago: Quadrangle Books, 1971)

22 Regin Prenter, 'Luther and the Traditional Doctrine of the Trinity', *Spiritus Creator* (Philadelphia: Fortress Press, 1953), 173~184.

않겠지만, 전통과 종교개혁 사이의 부정적 관계뿐만 아니라 긍정적 관계까지 재발견했다는 점에서 이전보다 훨씬 정확할 것입니다.

이런 관계에 관심을 가지다 보면, 종교개혁 자체가 또 하나의 전통이 된 과정에도 관심이 생기는 것이 자연스럽겠지요. 우리는 지난 400여 년 동안 다양한 관점에서 종교개혁을 해석해 왔습니다. 종교개혁이 종교뿐 아니라 언어, 문학, 교육, 정치 분야에서도 중요한 전환점이 된 지역들, 이를테면 보헤미아, 독일, 잉글랜드, 스코틀랜드, 스칸디나비아 국가들의 지성사를 연구할 때는 종교개혁에 대한 이해가 필수적이지요.[23] 19세기에 살았던 조지프 프리스틀리Joseph Priestley* 나 쇠얀 키르케고어Søren Kierkegaard 같은 인물을 이해하기 위해서는 그들이 루터를 어떻게 해석했는지를 참고해야 합니다.[24] 이 모든 연구는 종교개혁이라는 반反 전통주의가 그 자

---

23 Jaroslav Pelikan, *Luther the Expositor*, 33.

* 조지프 프리스틀리(1733~1804)는 영국의 목사이자 신학자, 화학자, 자연 철학자다. 데번트리에 있는 신학교에서 신학, 역사, 철학, 과학 등을 공부했으며 에든버러 대학교에서 법학 박사 학위를 받았다. 목회를 하며 신학, 정치학, 철학, 과학 등 다양한 분야에 공헌했다. 산소를 발견한 이, 탄산수를 발명한 이로 널리 알려져 있다.

24 다음을 참조하십시오. George Huntston Williams, 'Joseph Priestley on Luther', Ernest B. Koenker, 'Søren Kierkegaard on Luther', *Interpreters*

체로 하나의 전통이 된 과정을 밝히고 있다는 점에서 흥미롭기 그지없습니다. 잉글랜드의 신학자 윌리엄 칠링워스William Chillingworth가 남긴 유명한 말처럼 프로테스탄트들은 400년 동안 "오직 성서만이 우리의 종교"라고 외치며 그 자체로 완연한 '개신교 전통'을 갖게 되었습니다.[25]

이는 프로테스탄트들이 주장하는 바와 달리 종교개혁가들, 그리고 그 후예들이 엄밀한 의미에서 '오직 성서'를 바탕으로 성서를 해석하지 않았음을 뜻합니다. 페리 밀러Perry Miller**가 청교도 신학에 대한 관심을 촉발한 이후, 이에 관한 연구는 폭발적으로 증가했고, 점차 학자들은 청교도 성서 해석학 전통이 있었으며, 여전히 그 영향력을 발휘하고 있다

---

of Luther: Essays in Honor of Wilhelm Pauck (Philadelphia: Fortress Press, 1968), 121~158, 231~252.

[25] Jaroslav Pelikan, The Christian Tradition: A History of the Development of Doctrine (Chicago: University of Chicago Press, 1971~), 4:332~347.

** 페리 밀러(1905~1963)는 미국의 역사가다. 시카고 대학교에서 학사 학위, 박사 학위를 받았으며 제2차 세계 대전 기간 참전한 것을 제외하고 세상을 떠날 때까지 하버드 대학교에서 역사를 가르쳤다. 프린스턴 고등연구소의 연구원이자 미국 예술 과학 학술원 회원이기도 했다. 식민지 미국 속 청교도들과 관련해 기존 연구와는 다른 문화적 접근 방식을 채택해 각광을 받았으며 이와 관련된 중요한 지성사 저작들을 남겼다. 주요 저서로 『뉴잉글랜드 정신』The New England Mind, 『조너선 에드워즈』Jonathan Edwards, 『미국의 사상』American Thought 등이 있다.

는 인식을 공유하게 되었습니다. 이를테면 청교도들은 "성서는 교회의 형태에 관해서, 범죄 처벌 규정에 관해서, 사회적 존재의 일반적인 목적에 관해서 명료하고 확실하게" 말하며 "성서에 명시된 내용은 위정자, 성직자, 시민 모두에게 구속력을" 지닌다고 보았습니다.[26] 그래서 당대 사회 문제에도 구약을 직접 적용할 수 있다고 믿었지요. 로저 윌리엄스Roger Williams*는 이러한 가정에 도전하며 "이스라엘 백성에게만 적용되었던 처벌 조항은 오늘날 그 어떤 공동체에도 더는 적용되지 않"는다고 말하고, "오늘날의 위정자는 직접 할 수 있는 데까지 해 보는 수밖에 없다"고 선언하면서 설교자가 위정자에게 명령할 권한이 없다고 주장하기도 했지만, 이는 매우 드문 예였습니다.[27] 청교도들의 경우에도 성서를 해석하

---

26 Perry Miller, *Errand into the Wilderness* (New York: Harper Torchbooks, 1964), 147.

* 로저 윌리엄스(1603~1683)는 영국 출신의 뉴잉글랜드 청교도 목사이자 신학자다. 케임브리지 대학교 펨브로크 칼리지에서 공부했으며 청교도 목사가 된 뒤 뉴잉글랜드로 이주해 그곳에서 활동했다. 종교의 자유, 교회와 국가의 분리, 아메리카 원주민과의 관계 등을 두고 청교도 구성원들과 갈등해 제일 침례교회를 설립하고 그곳에서 활동했다. 당시 종교 자유, 정교 분리 등과 같은 미국의 핵심 이념을 제공한 이로 평가받는다.

27 Perry Miller, *Roger Williams: His Contribution to the American Tradition* (New York: Atheneum, 1962), 38.

는 원리는 결국 "우리는 항상 이렇게 해 왔다"는 것, 말하자면 전통이었습니다.

오늘날 학계에서 이루어진 전통의 재발견은 우리가 물려받은 줄도 몰랐던 것들의 기원을 조금이나마 인식할 수 있게 해 주었습니다. 덕분에 과거 세대가 자신들의 과거를 이용한 사례를 민감하게 알아볼 수 있게 되었지요. 지성사를 연구하다 보면, 명시적으로는 과거의 요소를 거부하면서도 암묵적으로는 과거의 가치를 계속해서 받아들인 경우를 쉽게 찾을 수 있습니다. 마침 토머스 제퍼슨Thomas Jefferson의 이름을 딴 강연을 진행하고 있으니 제퍼슨과 관련해서 말해 볼까요. 널리 알려져 있다시피 그는 전통적인 그리스도교의 가르침을 부정적으로 보았습니다. 하지만 그는 창조, 평등, 인간이 태어나면서부터 갖게 되는 권리 같은 것들을 자명한 진리로 여겼지요. 창조, 평등, 천부인권을 자명한 진리로 여기게 된 건 적어도 부분적으로는 아테네와 예루살렘 양쪽에 뿌리를 둔 전통적인 그리스도교 교리, 즉 인간이 하느님의 형상으로 창조되었다는 교리의 산물이라 할 수 있습니다.[28]

---

28 Jaroslav Pelikan, 'The Doctrine of the Image of God', *The Common Christian Roots of the European Nations: An International Colloquium in the Vatican*, 2 vols. (Florence: Le Monnier, 1982), 1:53~62.

이런 진리는 원래 뿌리 내리고 있던 곳에서 벗어나 다른 문화권으로, 말하자면 암묵적 가치를 공유하지 않는 문화권으로 옮겨가면 훨씬 더 흐릿하게 보이는 경우가 많습니다. 그리스도교 전통도 이론으로는 거부한 어떤 요소들을 실질적으로는 아주 교묘하게 승인하곤 했으며, 인간이 하느님의 형상대로 창조되었다는 교리의 경우도 마찬가지입니다. 그리스도교는 분명 플라톤주의를 배격했지만, 플라톤주의가 준 깨달음 없이는 결코 그리스도교 전통에서 고백하는 일부 교리를 명료하게 규정할 수 없었을 것입니다. 시온의 언어로 이야기했지만, 그 억양은 틀림없는 아카데미아의 것이었다고 할까요. 이후 그리스도교인들은 예루살렘의 교리 전통 위에 서 있으되 자신들이 아테네 철학의 영향을 받았다는 사실을 더는 인식하지 못했기 때문에, 지적 계보의 절반을 재발견해야만 했습니다.

비슷한 예로, 유대-그리스도교 전통과 대립하는 것처럼 보이는 어떤 관념이나 사상 체계가 유대-그리스도교 전통에서 유래한 관점을 품고 있는 경우가 있습니다. 체계 전체가 철학적으로 유대-그리스도교 전통에 기초하지는 않더라도 말이지요. 그래서 윌리엄 템플William Temple*이나 니콜라이 베르댜예프Nicolas Berdyaev** 등 여러 사상가는 마르크스주의의 역사 목적론이 히브리 성서에서 생겨나 헤겔Hegel을 거쳐 마르크스주의로 유입되었다고 주장했습니다. 마르크스주의 역사 목적론이란 역사가 변증법적 단계들을 거쳐 정해진 목적을 향해 나아간다는 생각이지요. 역사 안에서, 그리고 역

---

* 윌리엄 템플(1881~1944)은 성공회 주교이자 신학자다. 옥스퍼드 대학교 발리올 칼리지에서 수학했으며 옥스퍼드 퀸스 칼리지에서 철학을 가르쳤다. 1909년 사제서품을 받았고 맨체스터 교구 주교, 요크 대주교를 거쳐 1942년부터 세상을 떠날 때까지 캔터베리 대주교를 지냈다. 1932~33년 기포드 강연을 맡았으며 신학 뿐만 아니라 교회 일치 운동, 교회의 사회 참여 등에 커다란 업적을 남겼다. 캔터베리의 안셀무스 이후 역사상 가장 탁월한 캔터베리 대주교로 평가받는다. 주요 저서로 『자연, 인간 그리고 하느님』Nature, Man and God, 『노동 없는 인간』Men without Work, 『요한 복음서 읽기』Readings in St. John's Gospel(1권은 1939년, 2권은 1940년으로 나누어 출간되었다가 1945년 한 권으로 출간됨), 『그리스도교와 사회 질서』Christianity and Social Order 등이 있다.

** 니콜라이 베르댜예프(1874~1948)는 러시아의 사상가다. 키이우에서 태어나 키이우 대학교에서 공부했으나 마르크스주의 운동에 가담해 대학교에서 쫓겨났다. 머지않아 마르크스주의를 비판하면서, 그리스도교를 기반으로 한 사상을 발전시켜 나갔고 1920년 모스크바 대학교의 교수로 초빙되었으나 이내 소비에트 정권에 의해 러시아에서 추방되었다. 이후 베를린과 파리에서 종교철학 아카데미를 설립해 활발한 강연 및 저술 활동을 벌였다. 인격과 자유에 관한 다양한 종교철학 저서를 펴냈으며 20세기 중요한 러시아 정교회 사상가 중 한 사람으로 평가받는다. 주요 저서로 『노예냐 자유냐』(늘봄), 『현대 세계의 인간 운명』(지만지), 『도스토옙스키의 세계관』(한국외국어대학교출판부) 등이 있다.

사 너머에서 하느님의 섭리가 작동하고 있다는 유대-그리스
도교 전통의 생각도 마찬가지입니다. 베르댜예프의 경우에
는 1917년 러시아 혁명 때 유대-그리스도교 전통이 낳은 또
다른 혼종과 마르크스주의 역사 목적론이 결합한 과정을 설
명한 바 있습니다. 그 혼종이란 바로 역사와 러시아의 운명
을 '메시아적' 관점에서 해석하는 입장입니다. 19세기 후반,
슬라브 민족이라는 관념에 심취한 철학자와 신학자들이 이
런 입장을 취했지요.[29] (저는 약간의 의문이 있기는 합니다만) 이런
역사 이해가 타당하다면, 마르크스-레닌주의를 이해하기 위
해서는 무엇보다 이 사상을 일종의 그리스도교 이단으로 볼
필요가 있습니다. '전통과 혁명' 문제에 대한 마르크스주의
연구자들의 논의를 보면, 이 문제가 얼마나 복잡한지 그들도
깨닫기 시작한 것 같습니다.[30]

지성사 바깥에서도 전통의 재발견은 남다른 의미를 지닙
니다. 저는 대학에서 미술사 관련 교육을 전혀 받지 않았는
데도 이 분야의 몇몇 연구 프로그램이나 학위 논문 심사, 학

---

29 Nicholas Berdyaev, *The Russian Idea* (New York: Macmillan Company, 1948)

30 Ljubomir Tadić, 'Reformation and Revolution', *Tradicija i revolucija* (Belgrade:
    Srpska književna Zadruga, 1972), 38~60, Siegfried Wollgast, "Tradition und
    Widerspruch, Tradition und Fortschritt", *Tradition und Philosophie: Über die
    Tradition in Vergangenheit und Zukunft* (Berlin, 1975), 48~58.

술 원고 검토를 맡곤 합니다. 지금까지 서구 전통에서 만들어진 회화, 조각, 건축 가운데 상당수가 제가 오랫동안 연구해 온 그리스도교 관념들과 자료들로부터 소재를 얻었기 때문이지요. 서구 세계는 구약과 신약의 예형론typology(광야에서 먹은 만나와 그리스도교의 성체 성사, 여호수아와 예수, 하와와 마리아 등)을 바탕으로 한쪽 벽에 구약의 '약속'을 그리고 다른 벽에 신약의 '성취'을 그려 넣은 수많은 모자이크와 프레스코화, 두 폭 제단화를 만들었습니다. 이런 그림들에는 별다른 설명이 붙지 않은 경우가 많아 그 의미를 식별하고 해석하려면 교부들의 성서 주해를 검토하면서 실마리를 찾을 수밖에 없습니다. 약속과 성취라는 주제는 교부들이 (비록 그리스어 번역본이나 라틴어 번역본을 사용하기는 했지만) 히브리 성서에서 의미를 추출할 때 가장 널리 사용한 방법이었기 때문입니다.[31]

오늘날에는 거의 쓰이지 않지만, 과거 중요한 문학 장르 가운데 하나로 (성서 시대 이후 등장한) 그리스도교 성인들의 '전기'가 있습니다. 그 자체로 성서는 물론, 그리스와 로마의 고전도 그리스도교 전통의 중요한 기원임을 알려주는 이 전기물들은 성화, 제단화 같은 회화에 영감을 주었고, 또 영감

---

31 Jaroslav Pelikan, *The Christian Tradition*, 1:12~27.

을 받았지요.[32] 카라바조Caravaggio가 활동하던 시대에 히에로니무스Jerome를 향한 관심이 급증해 이와 관련된 무수한 작품들이 나온 건 그 대표적인 예라 할 수 있을 것입니다. 이 같은 현상은 예술과 신앙심 사이의 상호 작용을 보여주며, 예술과 신앙심의 기반이 된 전통에 대한 연구 없이는 이해할 수 없습니다.

예술과 신앙심과 사상이 전통을 활용하는 과정은 그 자체로 주의 깊게 연구할 만한 가치가 있습니다. 야코프 부르크하르트Jacob Burckhardt 덕분에 우리는 이탈리아 르네상스 시기 이 과정이 어떻게 이루어졌는지를 자세히 알게 되었습니다. 적어도 이탈리아 르네상스의 지적·문학적 선구자들은 '고대의 부활'이야말로 자기들 주변에서 일어나고 있는 가장 중요한 변화라고 생각했습니다.[33] 그들은 자신들이 오래된 것의 새로운 의미, 새로운 정의를 발견했고, 덕분에 사람들은 비교적 최근에 생긴 것의 지배로부터 해방되었다고 여

---

32 Karl Holl, 'Die schriftstellerische Form des griechischen Heiligenlebens', *Gesammelte Aufsätze zur Kirchengeschichte*, 3 vols. (Darmstadt: Wissenschaftliche Buchgesellschaft, 1964), 2:249~269.

33 Jacob Burckhardt, *The Civilization of the Renaissance in Italy*, 2 vols. (New York: Harper Torchbooks, 1958), 1:175~278. 『이탈리아 르네상스의 문화』(한길사)

겠지요. 하지만 오늘날 중세 지성사나 문화사를 가르치는 사람이라면 이탈리아 르네상스 외에도 여러 '르네상스들'이 발견 혹은 발명되었다는 점을 반드시 고려해야 합니다. 9세기 카롤루스 르네상스 덕분에 우리는 고대의 수많은 그리스도교 문헌과 이교도들의 필사본을 얻게 되었습니다.[34] 서구 문학에 관한 우리의 지식은 많은 부분 이 필사본들에 의존하고 있지요. 찰스 호머 해스킨스Charles Homer Haskins[*]는 사르트르 학파가 12세기 르네상스를 주도했음을 밝혀냈으며, 13세기 아리스토텔레스주의 르네상스는 철학, 과학, 그리고 신학에 영향을 미쳤다는 사실이 드러났습니다.[35] 르네상스라

---

[34] Heinrich Fichtenau, *The Carolingian Empire: The Age of Charlemagne* (New York: Harper Torchbooks, 1964), 98~103.

[*] 찰스 호머 해스킨스(1870~1937)는 미국 중세 역사가다. 존스 홉킨스 대학교를 거쳐 파리와 베를린에서 공부한 뒤 다시 존스 홉킨스 대학교에서 역사학으로 박사 학위를 받았다. 위스콘신 대학교 교수를 거쳐 1902년부터 하버드 대학교 교수가 되어 1931년까지 가르쳤다. 우드로 윌슨 대통령의 고문으로 활동하기도 했다. 12세기 유럽을 재평가하는 데 기여했으며, 미국 중세사학회 창설 및 학회지 창간의 주도적인 역할을 담당하고, 수많은 중세 연구가를 제자로 길러내 최초의 미국 중세 역사가라는 평가를 받는다. 주요 저서로 『유럽 역사 속 노르만인들』The Normans in European History, 『12세기 르네상스』The Renaissance of the Twelfth Century(혜안), 『대학의 탄생』The Rise of Universities(연암서가) 등이 있다.

[35] Charles Homer Haskins, *The Renaissance of the Twelfth Century* (New York: New American Library, 1976), 93~126. 『12세기 르네상스』(혜안)

는 말이 지닌 고유한 의미가 사라질 수도 있지만, 수많은 르네상스가 있었다는 사실은 역사의 역사history of history가 존재한다는 사실, 말하자면 '오래된 로마'인 이탈리아 로마가 몰락한 시기부터 '새로운 로마'인 콘스탄티노폴리스가 몰락한 시기까지 천 년 동안 전통에 대해 논의하고, 재발견하는 전통이 존재했으며, 매우 중요한 부분을 이룬다는 사실을 보여줍니다.

이렇게 전통을 재발견한 사람들이 스스로 무슨 일을 하고 있다고 생각했든, 이는 과거를 재구성하고 재규정하는 과정을 수반하기 마련입니다. 그리고 우리 역시 앞선 세대가 그랬듯 전통을 재발견하고 있으며, 이에 따라 과거를 다시 구성하고, 다시 규정하고 있습니다. 이에 얼마나 민감해질 수 있는지, 그리고 반응할 수 있는지는 우리에게 달려 있겠지요. 파울 요르크 백작Count Paul Yorck은 빌헬름 딜타이Wilhelm Dilthey에게 보낸 편지에서 역사란 "회귀하는" 성격을 지니고 있다고 말한 바 있습니다.[36] 어떤 면에서 역사는, 현재가 과거를 향해 전진하듯, 뒤로 거슬러 올라가면서 기록되는 경향이 있습니다. 그렇기에 역사의 역사를 탐구하는 우리는, 역

---

36 Jaroslav Pelikan, *The Christian Tradition*, 1:5.

사 연구라는 체를 사용할 때 그 위에 남는 것과 밑으로 떨어지는 것이 무엇인지 주의를 기울여야 합니다. 어떤 사상 체계를 이해하는 가장 중요한 열쇠는, 그 체계가 전통을 어떤 식으로 취사선택해서 해석하는지를 살펴보는 것입니다. 이를테면 과학의 영역에서, (전부는 아니더라도) 대다수 중세 아리스토텔레스주의자가 아리스토텔레스의 과학적 탐구의 결론만 수용한 이유는 무엇일까요? 그의 결론이 아니라 방법을 수용했다면 결론이 수정되었을 수도 있고, 결국 그렇게 되었는데 말입니다. 망원경을 만들어 경험적 관찰을 수행한 갈릴레오Galileo는, 아리스토텔레스의 『자연학』Physics을 인용하면서 갈릴레오의 관찰 결과를 반박한 사람들보다 더 충실한 아리스토텔레스주의자였습니다.[37] 앞에서 언급한 종교개혁 해석의 역사에서 살펴보았듯이, 어떤 중요한 전통을 재발견하고 재해석한 역사를 읽다 보면, 이 전통 자체에 관해서는 물론이고 이런 역사를 바탕으로 전통을 상상해 낸 사람들의 생각에 관해서도 많은 것을 알 수 있습니다.

이제 전통사 분야 안에서 제가 어떤 식으로 연구했는지를 이야기해 보도록 하겠습니다(물론 저의 연구에만 해당하는 이

---

[37] William A. Wallace, *Prelude to Galileo: Essays on Medieval and Sixteenth-Century Sources of Galileo's Thought* (Boston: D. Reidel, 1981)

야기는 아닐 것입니다). 공부를 시작할 때부터 저는 그리스도교 언어와 개념, 사상과 교리 탐구를 제 공부의 최종 목표로 삼 았습니다. 그 목표는 바뀌지 않았지만, 이제는 전통의 비언어 요소, 혹은 개념으로 잡히지 않는 요소를 예전보다 훨씬 더 중시합니다. 전통사 연구자로서 저의 관점이 이렇게 변화한 이유는 원사료의 성질 때문이기도 하고, 제가 원사료를 두고 던지는 물음의 성격이 바뀌었기 때문이기도 합니다. 이 분야의 선배들 가운데 가장 위대한 인물인 아돌프 폰 하르낙 Adolf von Harnack은 이런 이야기를 한 적이 있습니다.

> 그리스도교의 이례적 특성을 보여주는 또 다른 예는 … 꽤
> 오랜 기간 그리스도교에는 엄밀한 의미에서 종교 의례라 할
> 만한 것이 전혀 없었다는 점이다 … 첫 300년간 교리의 역
> 사에 전례는 반영되지 않았다.[38]

이 때문에 하르낙은, (그리스도교 역사의 첫 3~400년 동안 일어난 거의 모든 일에 대해 알고 있었던 이답게) 그리스도교 초기 전례에 관해서 매우 많은 내용을 알고 있었음에도, 교회가 어떻게

---

[38] Jaroslav Pelikan, *Historical Theology: Continuity and Change in Christian Doctrine* (New York: Corpus Instrumentorum, 1971), 88.

기도하고 노래하고 의식을 행했는지 거의 이야기하지 않고 교리사를 썼습니다. 하지만 그와 달리 저는 5세기 신학자 아키텐의 프로스페르Prosper of Aquitaine가 "신앙의 법"이라고 부른 교리의 역사를 이해하려면 "기도의 법"을 반드시 이해해야 함을 계속해서 깨달았습니다(이 '신앙의 법'과 '기도의 법'이라는 표현은 프로스테르가 아우구스티누스를 옹호하며 나왔지요). 서방 그리스도교 사상사에서 가장 중요한 인물인 아우구스티누스는 반대자들에게 인간 본성, 타락, 원죄에 관한 아우구스티누스의 새로운 가르침이 전통 어디에 근거하고 있느냐는 공격을 받았습니다. 이때 그는 자신의 이야기가 신학과 철학의 전통이 아닌 기도와 신앙의 전통에 바탕을 두고 있다고 답했지요. 신학과 철학의 형식을 빌려 공식화했지만, 그 기원은 기도와 신앙의 전통에 있다고 한 것입니다.[39]

전통이 "모든 계급 중 가장 알려져 있지 않은 이들, 곧 우리의 조상들에게 투표권을" 주어 "선거권을 확장"하는 과정이라면, 전통사를 연구하는 이들은 전통이라는 피아노 협주곡 중 피아노 독주자(그중에서도 탁월한 연주자)의 소리만 들어서는 안 되며, 오케스트라의 소리에도 귀 기울여야 합니다.[40]

---

39 Jaroslav Pelikan, *The Christian Tradition*, 1:339.

40 Gilbert Keith Chesterton, *Orthodoxy* (Garden City, N.Y.: Image Books, 1959),

밀면 패리가 역사 속에서 전통을 다시 발견하는 가운데 호메로스라는 한 사람(혹은 사람들)의 시인을 넘어, 무명의 음유 시인들과 전통의 전수자들에게, 더 나아가 세르비아와 크로아티아 부족에 있는 호메로스 전통의 정당한 후계자들에게 나아갔듯 말이지요. 물론 이 이야기에는 탁월한 독주자들도 포함되어 있습니다. 안목 있는 이라면 아우구스티누스와 같은 탁월한 독주자의 연주에 빠져드는 기쁨을 놓칠 수 없겠지요.

아우구스티누스가 펼치는 탁월한 독주에 귀를 기울이고 그의 역사적 가치를 인정한다는 것은 곧 가톨릭 전통을 향한 그의 충심, 이와 관련된 그의 수많은 말을 진지하게 받아들이는 것을 의미합니다. 적어도 아우구스티누스만큼은 인정했던 개신교 전통의 수많은 학자는 아우구스티누스의 그런 발언들에 당혹스러워하며 그건 '진짜' 아우구스티누스의 말이 아니라고, 혹은 그의 본래 의도가 담긴 말이 아니라고 하며 그런 면모를 무시하거나 문제시하곤 했습니다. 분명 그런 말들은 개신교 전통에 속한 신학자들에게는 문제가 될 수 있겠지만, 역사가에게는 오히려 실제 아우구스티누스가 어떤 인물이었는지를 파악할 수 있게 는 중요한 지침이 되어 줍

---

48. 『G.K. 체스터턴의 정통』(아바서원)

니다. 그는 자신이 속했던 공동체, 오랜 방황 끝에 일원이 된 공동체와 자기가 별개라고 생각하지 않았습니다. 그 공동체의 대변인으로 여겨지기를 바랐지요.[41]

마찬가지 맥락에서 전통사 연구자가 아우구스티누스에서 한 발짝 더 나아가 그에게 영향을 받은 아우구스티누스주의를 살피려 한다면, 아우구스티누스를 맹목적으로 떠받드는 이른바 '영웅 사관'을 피해야 합니다. 물론, 아우구스티누스가 중세 지성사에서 가장 영향력 있는 인물이라는 데 이의를 제기할 사람은 거의 없을 것입니다. 그는 가장 탁월한 라틴어 작가는 아니었지만, 라틴어를 쓴 사람 중 가장 위대한 사람이었습니다. 아우구스티누스가 이토록 위대한 이유는 그와 어깨를 나란히 할 만한 중세의 또 다른 거인들, 즉 (시대순으로 나열하자면) 캔터베리의 안셀무스Anselm of Canterbury, 클레르보의 베르나르두스Bernard of Clairvaux, 토마스 아퀴나스, 보나벤투라Bonaventure, 둔스 스코투스Duns Scotus 모두 이런저런 면에서 아우구스티누스주의자였다는 사실, 더 나아가 루터, 칼뱅, 파스칼Pascal, 심지어 데카르트Descartes조차 어떤 의미에서는 아우구스티누스주의자였다는 사실 때문만은 아닙

---

41 Jaroslav Pelikan, *Historical Theology*, 16.

니다. 이 강연의 맥락에서 아우구스티누스가 놀라운 이유는, 그가 플라톤과 바울을 비롯한 여러 대가와 전통을 참조하면서 동시에 자신이 그 전통의 일부가 되었고, 그리하여 수백만 명의 사람이, 지난 1,500년 동안 수백만 부가 유통된 자신의 저서, 혹은 자신을 참조한 후대의 교리문답과 기도서와 설교를 통해, 자신이 가르친 대로 사람들이 세계와 인간을 바라보게 했기 때문입니다.

아우구스티누스의 재발견은 제가 앞에서 언급한 중세 '르네상스들'의 중요한 축을 이루었습니다. 이탈리아 르네상스의 문을 열었다고 평가받는 페트라르카Petrarch가 방투 산 꼭대기에서, 그리고 『나의 비밀』My Secret을 쓰며 『고백록』을 거듭 읽었다는 사실을 생각한다면, 이탈리아 르네상스의 일부라고도 할 수 있지요.[42] 프로테스탄트 개혁가들도 자신들이 스콜라 철학 체계, 아리스토텔레스주의라는 구름에 가려졌던 진짜 아우구스티누스를 재발견하고 있다고 믿었습니다. 칼뱅은 "아우구스티누스는 완전히 우리 편"이라고 자랑했지요.[43] 종교개혁 지도자들이 자신들은 그리스도교의 과거를 전부 부정하지는 않는다고 주장할 때 아우구스티누스는 이

---

42 Jaroslav Pelikan, *The Christian Tradition*, 4:19~21.

43 Jaroslav Pelikan, *The Christian Tradition*, 4:224.

주장의 근거가 된 유일한 인물이었습니다.

잊지 말아야 할 점은, 아우구스티누스주의 전통의 요소들을 물려받아 오늘날 역사가들이 중세 전통이라고 부르는 다종다양한 관행과 믿음으로 변형시킨 진짜 주인공은 중세와 르네상스와 종교개혁 시기 독주자들이 아니라, 그 땅에서 침묵하던 사람들, 읽고 쓸 줄 모르는 수많은 사람이라는 것입니다.

앞서 언급한 제롬 로빈스의 말, "이 작품이 전통과 전통이 해체되는 과정에 관한 거라면, 관객한테 이 전통이 뭔지도 말해 줘야" 한다는 말은 임마누엘 칸트Immanuel Kant가 정언 명령을 정의할 때 이야기한 "보편 법칙의 원리"와 거의 같은 수준이라 할 만합니다.[44] 특히 교육 분야에서 말이지요. 오늘날 젊은 청중이 전통의 해체에 대한 설명을 이해하려면 전통 자체에 대해서도 알아야 합니다. 우리의 전통이 이제는 무거운 짐에 불과해 다음 세대가 결국 그 전통을 버려야 하는 경우(아니, 특하나 그런 경우) 그 전통의 내용이 무엇이고 어떻게, 어째서 오랫동안 유지되었는지 알지 못하면 그걸 제대로 버리지도 못하고 왜 버려야 하는지 이해하지도 못할 것입니다.

---

44 Immanuel Kant, *The Metaphysic of Morals*, 11장. 『도덕형이상학』(한길사)

우리의 이해와 무관하게 어떤 전통은 여전히 지배력을 발휘하고 있습니다. 이와 관련해 체스와프 미워시Czeslaw Milosz는 말했습니다.

> 지난 수 세기 동안 인류의 절대다수를 차지했던 문맹자들은 자신들이 속한 나라와 문명의 역사를 거의 알지 못했다. 하지만 그 역사야말로 그들의 삶을 형성한 결정적 요인이었다.[45]

우리가 전통을 이해하지 못하면, 전통은 일부나마, 상당한 변형을 거치고서라도 계속 지배력을 발휘할 것입니다. 인간이 하느님의 형상대로 창조되었다는 말이 정확히 무슨 의미인지 알지 못하더라도, 미국의 대다수 일간지가 별자리 운세를 지면에 싣듯 말이지요.

물론 좋은 쪽으로든 나쁜 쪽으로든, 아니면 둘 다든, 우리를 형성해 온 전통에 관한 지식만 가지고서는 우리 다음 세대와 그다음 세대가 맞닥뜨릴 미래를 대비하기에는 충분하지 않습니다. 이건 충분 조건이 아니라 필요 조건입니다. 교

---

[45] Czeslaw Milosz, *Nobel Lecture* (New York: Farrar, Straus and Giroux, 1980), 14.

육 과정을 설계하고 공교육의 목표와 내용을 규정할 때는 반드시 전통의 재발견이라는 개념을 고려해야 하며 (이런 말이 적절한지는 모르겠지만) 전통적으로 과거를 탐닉하기보다는 미래를 갈망해 온 이 나라에서는 더욱 그래야 합니다. 전통이 이어지고 있기에, 에드먼드 버크Edmund Burke의 표현을 빌리면 전통은 "모든 학문, 모든 예술, 모든 미덕의 동반자"로 있기에 우리는 전통을 재발견할 수 있고, 그래야만 합니다. 이어서 버크는 이런 말을 덧붙였습니다.

> 이 같은 협력은 여러 세대를 거쳐도 그 목표를 달성하기 어렵다. 그러므로 살아 있는 사람들만 협력할 것이 아니라 살아 있는 사람들은 죽은 사람들, 그리고 태어날 사람들과도 협력해야 한다.[46]

이 말은 '살아 있는 전통'의 정의라고 보아도 손색이 없습니다.

---

46 Edmund Burke, *Reflections on the Revolution in France* (New York: Penguin English Library, 1982), 194~95. 『프랑스혁명에 관한 성찰』(한길사)

전통의 회복
- 사례 연구

지난 강연에서 저는 전통의 회복이 아닌 전통의 재발견에 대해서만 말하려고 상당한 주의를 기울였습니다. 이 둘은 분명 다르기 때문이지요. 19세기는 본격적으로 그전까지 무비판적으로 받아들여 온 전통을 재발견하고 비판적으로 탐구하기 시작한 시기입니다. 그 결과 수많은 사람이 지금껏 암송하고 수행한 것이 무엇인지를 처음으로 깨닫고는 충격을 받아 전통을 거부하고, 폐기하곤 했습니다. 이와 관련해 어떤 베네딕도회 수도원을 방문했던 기억이 떠오르네요. 그곳에서 저는 나이가 지긋한 한 평신도 수도사를 만났습니다. 그는 라틴어를 잘 모르면서도 수련 수도사 시절부터 항상 라틴어 시편을 불렀다고, 이제 막 영어 시편을 접하기 시작했다고 말했지요. 당시는 성무일도를 라틴어로 해야 한다는 규정이 폐지되고 얼마 지나지 않은 시점이었습니다. 저는 수도원에 며칠 머물렀고, 어느새 성무일도상 시편 137편(불가타로는 136편)을 낭송할 차례가 되었습니다. 이 시편의 라틴어 제목은 '수페르 플루미나 바빌로니스'Super flumina Babylonis(바빌론 강가에서)이고 '베아투스, 퀴 테네빗 엣 알리뎃 파르불로스 투오스 아드 페트람!'Beatus, qui tenebit et allidet parvulos tuos ad petram이라는 구절로 마무리됩니다. 이는 이렇게 번역할 수 있습니다.

네 어린아이들을 바위에다가 메어치는 사람에게 복이 있을 것이다.

가련한 평신도 수도사는 오랜 세월 동안 자신이 하느님에게 어떤 노래를 바쳐 왔는지 비로소 완전히 이해했고, 눈에 띄게 충격을 받았지요.

지난 두 세기 동안 이루어진 비판적 역사 연구는 우리가 소중히 여기던 사상, 제도의 전모를 밝히고 폭로했습니다. 그 결과 베네딕도 수도원의 평신도 수도사가 겪은 일이 빈번하게 발생했지요. 많은 경우에, 재발견은 거부로 이어집니다. 앞으로도 그러겠지요. 우리는 "다시는 고향으로 돌아가지 못하"겠지만, 한층 성숙한 비판적 입장에서 과거를 재발견할 것입니다. 체스와프 미워시가 "새로운 강박"이라고 부른, "기억을 완고하게 거부"하는 경향과는 다른 길로 우리는 나아갈 수 있습니다.[1] 고향으로 돌아가야 한다는 강박, 고향을 지워야 한다는 강박 모두로부터 자유로워질 수 있다는 이야기지요. 물론 저를 포함한 많은 사람은, 전통의 역사적 재발견이 전통의 실존적 회복과 밀접한 연관이 있음을 잘 알고 있습니다. 재발견이 거부와 폐기로 이어진 경우만큼 회복으로 이어진 경우도 많습니다. 가장 전형적인 사례 역시 19세기에서 찾을 수 있지요.

가장 전형적인 사례, 그리고 가장 중요한 사례는 바로 존 헨리 뉴먼John Henry Newman입니다.[2] 그는 전통을 재발견했고, 1845년에는 전통을 회복해야 한다고 주장하면서 성공회에 남아 있는 것은 일관성이 없다고 판단, 10월 9일 로마 가톨릭 교회에 들어갔습니다. 1845년 뉴먼이 전통에 관해서 구체적

---

1 Czeslaw Milosz, *Nobel Lecture*, 14.

2 Günter Biemer, *Newman on Tradition* (New York: Herder and Herder, 1967), 33~67.

으로 어떻게 생각했는지는 같은 해 출간한 『그리스도교 교리의 발전에 관한 논고』Essay on the Development of Christian Doctrine에 잘 나와 있습니다. 하지만 그는 자서전인 『나의 삶을 위한 변론』Apologia pro vita sua에서 이렇게 말했지요.

(1845년 로마 가톨릭 교회에 가기) 훨씬 더 전인 1832년 아리우스파의 역사를 다루며 나는 이미 전통 안에서 발전하는 교리라는 원리를 받아들였다.[3]

이 "아리우스파의 역사"를 다룬 책의 제목은 『4세기 아리우스파 - 기원후 325년~381년 교회 공의회를 통해 살펴본 그들의 교리, 기질과 활동』The Arians of the Fourth Century, Their Doctrine, Temper and Conduct, Chiefly as Exhibited in the Councils of the Church between A.D. 325 and A.D. 381입니다. 이 책은 뉴먼이 자신의 "첫 번째 저작"으로 인정한 책이기도 하지요(앞으로는 『4세기 아리우스파』라고 부르도록 하겠습니다).[4]

뉴먼에 대한 사려 깊은 전기를 남긴 루이 부이에Louis

---

[3] John Henry Newman, *Apologia Pro Vita Sua: Being a History of His Religious Opinions* (Oxford: Clarendon Press, 1967), 178.

[4] 저는 1833년 런던에서 출간된 초판을 참조했습니다.

Bouyer[*]는 이렇게 말했습니다.

그가 『4세기 아리우스파』를 출간함과 동시에 옥스퍼드 운동이 시작되었다. 미숙한 부분도 가끔 엿보이기는 하나, 뉴먼은 누구의 도움도 받지 않고 직접 모은 자료를 사용했고, 그래서 이 책에는 고대 저자들의 논의를 신중하게 요약해 숙고한 뒤 적은 인용문과 사실들로 가득 차 있다. 그보다 더 두드러지는 점은, 그가 과거 사상가들의 통찰을 빌려 살아 있는 교회를 향한 자신의 믿음을 증언하고 있다는 것이다.
아타나시우스Athanasius, 바실리우스Basil, 그레고리우스Gregory

---

* 루이 부이에(1913~2004)는 프랑스 출신 로마 가톨릭 사제이자 신학자다. 파리에서 태어나 스트라스부르 대학교에서 신학을 공부하고 1936년 루터교 목회자로 안수를 받아 파리에 있는 교회에서 목회 활동을 하다 1939년 로마 가톨릭 교회로 옮기고 오라토리오회에 입회한 뒤 1944년 사제 서품을 받았다. 1950년 박사 학위를 받은 뒤 파리 가톨릭 대학교 교수로 임용되어 이후 1962년까지 그곳에서 그리스도교 영성을 가르쳤다. 제2차 바티칸 공의회에서는 고문으로 임명되어 활동했고 공의회가 끝난 뒤에도 전례 개혁을 위한 위원회 고문으로 활동했다. 1960년대 이후에는 미국으로 가 노틀담 대학교, 워싱턴의 가톨릭 대학교, 샌프란시스코의 가톨릭 대학교 등에서 영성신학을 가르쳤다. 그리스도교 영성, 교의신학, 전례 신학 등 다양한 분야에서 수많은 저작을 남겼으며 교회일치운동에도 적극적으로 참여했다. 주요 저서로 『교회에서 개신교주의에 대하여』Du protestantisme l'glise, 『성서와 복음』 La Bible et l'vangile 등이 있으며 한국에는 『영성 생활 입문』(가톨릭 출판사)이 소개된 바 있다.

등이 남긴 저술들에 반영된, 언제나 살아 있는 보편 교회에
대한 믿음이야말로 뉴먼이 추구하는 것이었다. 그는 당대
성공회에 이 믿음을 다시 불어넣기 위해 애썼다.[5]

뉴먼의 『그리스도교 교리의 발전에 관한 논고』와 『대학의 이
념』Idea of a University에 관해서는 저도 최근에 꽤 긴 글을 쓴 바
있습니다만, 여기서는 전통의 회복이라는 주제에 대한 일종
의 사례 연구로 『4세기 아리우스파』를 살펴보겠습니다.[6] 사
례 연구라는 이름에 걸맞도록, 이 놀라운 책을 꼼꼼하게 읽
고 많은 부분을 인용하려 합니다. 이 책에서 뉴먼은 전통을
회복하는 방법과 의의를 상세하게 제시합니다.

『4세기 아리우스파』의 주인공은 분명 알렉산드리아 총대
주교 아타나시우스입니다. 하지만 책을 출간한 뒤 뉴먼은
『4세기 아리우스파』 초판이 "정통 교리의 아버지"인 아타나
시우스 개인을 지나치게 부각했다고 판단했습니다. 그래서
1871년 출간된 제3판에는 다음과 같은 주석을 추가했지요.

---

5 Louis Bouyer, *Newman: His Life and Spirituality* (New York: Meridian Books, 1960), 162.

6 Jaroslav Pelikan, *Development of Christian Doctrine: Some Historical Prolegomena* (New Haven: Yale University Press, 1969), *Scholarship and Its Survival* (Princeton: Carnegie Foundation for the Advancement of Teaching, 1983)

교부들은 특별히 전통이라는 바탕을 토대로 삼았는데, 이
점을 이 책에서는 제대로 다루지 않았다.[7]

이런 판단을 뒷받침하기 위해 뉴먼은 전통을 충실히 존중하
느냐에 따라 정통과 이단이 나뉜다는 아타나시우스의 발언
을 인용했습니다. 하지만 『4세기 아리우스파』 초판 역시 초
기 교회 전통의 역사라는 맥락 안에서 4세기 이단과 정통을
연구한 저작이었고, 이때 이미 뉴먼은 니케아 공의회와 아
타나시우스의 삼위일체 신학이 전통을 따르고 있다고 주장
했지요.[8] 훗날 『그리스도교 교리의 발전에 관한 논고』에서는
"성 아타나시우스의 아리우스파 신학 논박은 사실상 중세를
옹호하는 것"이라고 말하기까지 합니다.[9] 이런 점에서 『4세
기 아리우스파』 제3판에 수정된 내용은 초판의 시각과 크게
다르지 않다고, 이를 좀 더 일관되게 밀어붙인 결과라고 할
수 있겠지요. 이렇듯 뉴먼은 『4세기 아리우스파』를 기점으

---

7   John Henry Newman, *The Arians of the Fourth Century* (London: E. Lumley, 1871), 260~61, n. 5.

8   위의 책, 147. 그리고 다음을 참조하십시오. Jaroslav Pelikan, 'The Mystery of the Trinity', *The Christian Tradition*, 1:172~225.

9   John Henry Newman, *An Essay on the Development of Christian Doctrine* (New York: Longmans, Green and Company, 1949), 134.

로 오랜 기간 역사, 신학 연구를 진행함으로써 전통의 재발견 및 전통의 회복에 관한 논의에 기여했습니다.

그는 『4세기 아리우스파』를 출간하며 이 책은 "역사적 설명을 위한 것"이고 자신은 "논쟁이나 증명"에 휘말리고 싶지 않다고 밝혔지만, 책 전반에 걸쳐 뚜렷한 주장을 제시하고 있다는 점에는 의문의 여지가 없습니다.[10] 그리고 이 주장은 전통에 대한 뉴먼의 사유 곳곳에 깊이 배어 있지요. 그는 역사적 탐구를 통해 양쪽의 입장이 부딪히는 원리들을 하나로 묶는, 그러면서도 이 대립을 초월하는 전통을 찾았고, 그 정당성을 옹호했습니다. 뉴먼은 전통을 회복한다면 '이것 혹은 저것'을 선택할 필요 없이 '이것과 저것'을 모두 선택할 수 있다고 생각했습니다.

뉴먼이 연구 대상으로 삼은 영역에서 가장 근본적인 대립은 성서와 교회의 대립이었고, 이는 교부들이 토대로 삼은 사도 전통으로 극복되었다고 그는 진단했습니다.[11] "사도들이 이야기한, 그리고 사도들의 교우들과 다른 교인들이 기억한 전통(전승)"이 있었다는 것은 명백한 사실이었습니다.[12]

---

10   John Henry Newman, *The Arians of the Fourth Century*, 151.

11   위의 책, 148.

12   위의 책, 60.

뉴먼은 교회가 막 등장하던 시기에는 "사도 전통"이 "사실상 가르침의 주요 원천"이었음을 확인했고, 전통이 경전보다 우위에 있었다고 주장했습니다.

> 이 전통은 대중의 눈에 띄지 않았기에 그리스도교에 대해 캐묻는 이들, 어중간한 그리스도교인들이 전통을 신약보다 비하하는 일은 일어날 수 없었다.[13]

이 사도 전통은 프로테스탄트 개혁가들이 주장하듯 후대에 덧붙여진 것이 아니라, 신약이 저술되기 시작하던 때부터 있었습니다.

> 성서와 일치하지만, 성서와 별개인 전통적 신학 체계는 사도 시대부터 교회 내에 존재했다.[14]

뉴먼은 바로 이 신학 체계의 중심에 삼위일체 교리가 있다고 보았습니다. 삼위일체 교리는 325년 니케아 공의회 이전까지 공식 교리로 받아들여지지는 않았지만, 신약에 포함된

---

13   위의 책, 148~149.

14   위의 책, 237.

"사도들의 저술과 같은 시대의 전통이 교회에 준" 것이라고 그는 이야기했습니다. 뉴먼에 따르면, 니케아 공의회는 이 교리를 발명했다기보다는 공식화했을 뿐이지요.[15] 그는 공의회 시기와 그 이후에 이르면, "사도들로부터 200년이 지난 시점까지 이어져 내려온 전통의 계보는 마침내 그 짜임새가 너무 느슨해"졌고, 신경의 형태로 공식화되지 않고서는 권위를 발휘하기 어렵게 되었다고 보았습니다.[16] "사도 전통의 힘"이 약해져 "교리라는 검증 체계를 도입"하게 되었다고 이야기한 것이지요.[17] 다시 말해, 뉴먼의 역사 해석에 따르면 신경 이전에 "교회가 초기부터 받아들인 전통 체계"가 있었습니다.[18] 이 "전통 체계"를 인지함으로써 그는 성서와 교회, 혹은 경전과 전통을 모두 아우를 수 있었고, 신경의 한계를 깨달은 동시에 신경의 필요성도 이야기할 수 있게 되었습니다. 뉴먼이 보기에 "권위 있는 신경을 도입한 일"은 "새롭지만 필수적인 조치"였습니다.[19]

삼위일체 안에서 성부와 성자의 관계를 둘러싼 논쟁이 시

---

15 John Henry Newman, *The Arians of the Fourth Century*, 160.

16 위의 책, 40.

17 위의 책, 147.

18 위의 책, 39.

19 위의 책, 41.

작되었을 때는 "성서보다 분명했던 공교회의 전통적인 가르침"조차 아직 "공식의 형태를 취하지" 않았습니다.[20] 초기 교회 교부들의 언어는 신약의 언어 못지않게 "대부분 자연스럽고 즉흥적"이었지요.[21] 그 뒤 교회는 "사도 전통으로부터든, 혹은 초기의 저술들로부터든" 전통 체계에서 권위 있는 신경으로 나아갔습니다.[22] 뉴먼은 한편으로는 "서로 너무나 대조적인 두 가지 의견이 있다기보다는, 이 의견들을 모두 포괄할 만큼 모호한 언어가 있음"을 알게 되었고, 또 한편으로는 두 집단의 그리스도교인들이 "교리상으로는 일치하지만 이를 표현함에 있어서는 차이를 보"일 수 있음을 깨달았습니다.[23] 그렇기에 그는 이렇게 말할 수 있었지요.

신경과 신앙의 조항들로부터의 자유야말로 초기 교회의 특권이었다. 그리고 그리스도인들이 최상의 친교를 나눌 때 이러한 상태에 있게 된다고 나는 고백할 준비가 되어 있다.[24]

---

20 위의 책, 252.

21 위의 책, 196.

22 위의 책, 165.

23 위의 책, 163, 391.

24 위의 책, 41.

하지만 그는 이런 "신경과 신앙의 조항들"에 대한 거부감과 당대 '자유주의'liberalism 사이에 분명한 선을 그었습니다. 뉴먼이 보기에 자유주의는 그런 거부감을 그 자체로 "미덕으로 여기고, (다른 방식으로) 조급하게 다른 사람들을 통제하려는 교만함"을 지니고 있었습니다. 같은 맥락에서 그는 "정통은 신앙의 조항들에 담긴 믿음 전체를 단 하나의 고백에 욱여넣으려 한다고 생각한" 4세기의 "소심하고 편협한 사람들"을 비판했습니다(당연히 이는 4세기의 인물들만 겨냥한 비판은 아니었습니다).[25]

뉴먼의 해석에 따르면, 정통 그리스도교의 전통은 언제나 경건하게 자제력을 발휘해 왔습니다. 그에게 권위 있는 교리를 향한 적대감과 가능한 한 모든 것을 명확하게 표현하려는 열망(이와 관련해 루이스 캐럴Lewis Carroll은 뉴먼의 제자 W. G. 워드W. G. Ward를 풍자하며 "아침 먹기 전에 불가능한 일을 여섯 가지나 믿으라고 요구하는" 여왕이라는 인물을 창조했지요)은 모두 전통과 거리가 멀었습니다.

(이들과 달리) 그리스도교 전통은 성스러운 교리를 실속 있게

---

25 위의 책, 139~140.

포기했다.[26]

이를 뒷받침하는 근거로 뉴먼은 (또다시) 아타나시우스를 들었습니다.

> 아타나시우스는 필멸자들, 하느님께서 지상에서 하신 일조차 설명하지 못하는 이들이 다루기에는 너무나 성스러운 주제에 대해 경솔하게 발언하는 이들을 공격했다.[27]

뉴먼은 아타나시우스로부터 ('부정'을 의미하는 그리스어 '아포파시스'ἀπόφασις에서 유래했기 때문에 '애퍼패틱'apophatic이라고도 불리는) 부정을 통한 긍정의 방법론을 도출했고, 이 방법을 이용해서 기존의 대안들을 넘어섰습니다.

> 우리는 하느님의 본성을 이해할 수 없다. 그러나 우리는 하느님께서 존재한다는 사실만큼은 안다. ... (이것이) 성서가 그분에 대해 이야기하는 방식이다.[28]

---

26 위의 책, 75.
27 위의 책, 247.
28 위의 책, 204.

여기에 더해 뉴먼은 380년 『신학적 연설』Theological Orations을 통해서 삼위일체 교리를 설명하고 변호한 업적으로 "교회의 신학자"라는 칭호를 얻은 나지안주스의 그레고리우스Gregory Nazianzus가 남긴 "교리를 말없이 공경하라"라는 말을 인용했고, (다시 한번) 아타나시우스의 권위를 빌려 전통의 내용을 두고 "사도들"과 정통 교회가 "침묵"한 사실을 정당화했습니다.[29]

사도 전통의 구체적인 내용은 "최초로 교회가 등장했을 때부터 받아들인", 신조 이전의 "전통 체계" 안에 은밀하게 남아 있었습니다.[30] 은밀한 이유는 그 내용이 교리의 형태가 아닌 전례의 형태를 띠었기 때문이지요. 뉴먼은 "교부들의 남긴 말들을 셈하고 문장을 평가해 하느님을 찬미하는 노래를 신조로 바꾸는" 행위를 교회가 전통을 상실했으며, 전통을 회복할 필요가 있음을 보여주는 명백한 징후로 여겼습니다.[31] 그에 따르면, 4세기 교부들의 시대에 "하느님을 찬미하는 활동은 실질적으로 신앙의 시험이었"습니다.[32] 첫 번째

---

[29] 위의 책, 76, 175.

[30] 위의 책, 39.

[31] 위의 책, 196.

[32] 위의 책, 298.

강연에서 소개한 구별법을 다시 가져오자면, 참된 전통은 연구자들과 신학자들이 지적으로 정식화한 "신앙의 법"에 따라 결정되는 것이 아니라 "영과 진리로 예배드리는 수천 명의 말 없는 신자들"이 만든 "기도의 법"을 따랐습니다.[33]

> (4세기 정통의 자리는) 교육받지 못한 이들의 신앙에 있었다. … 자신의 감정과 생각에 대한 반성을 전제로 하는 정확한 진술에서 나오지 않았다 해도 철학적으로 덜 정확하다거나, 하느님 보시기에 만족스럽지 못하다고 할 수 없다.[34]

이와 관련해 뉴먼은 교부들에게서 유래한 격언을 인용했습니다.

> 평범한 백성의 귀는 사제의 심장보다 거룩하다.[35]

그렇기에 뉴먼에게 전통은 지극히 민주적인 개념이었습니다. 전통은 신학자, 교황, 공의회에서 평범한 대중에게 내려

---

33 위의 책, 378.
34 위의 책, 158.
35 위의 책, 381.

가지 않으며, 오히려 (교회를 이루는) 신실한 이들을 거쳐 교리를 다루는 신학자들의 사변, 논쟁, 체계의 주제가 된다고 보았지요.

이런 뉴먼에게 성서와 전통이 대립한다는 생각은 허상에 불과했습니다. 초기 전통의 "주요 임무"가 바로 "성서의 진술을 해석하고 조화시키는 방법"을 제시하는 것이었으니 말이지요.[36] 뉴먼은 언뜻 보기에 서로 모순되는 것처럼 보이는 성서의 진술들을 나열하며 올바른 전통이라는 "열쇠"가 없다면, 성서 언어는 "극도로 당혹스"러울 뿐이라고 주장했습니다.[37] 전통이라는 열쇠를 갖고 있지 않은 이단들이 제시하는 성서 해석은 삼위일체라는 "참된 가르침을 집중해서 규명하기에 당연히 부적절"할 수밖에 없었지요.[38] "전통으로부터 얻은 지침"은 3세기와 4세기 보편 교회가 성서에서 그리스도를 하느님의 "아들"이라고 부를 때 이것이 무슨 의미인지를 명확히 알 수 있게 되었습니다.[39]

신약성서에서 인용하지 않는 구약의 수많은 구절에 대

---

36 위의 책, 62.

37 위의 책, 192.

38 위의 책, 359.

39 위의 책, 223.

한 "전통의 설명"도 교회 내 있었던 것으로 보입니다.[40] 뉴먼의 경우 아브라함이 이삭을 제물로 바치려 한 사건을 그리스도 희생의 "예형"type으로 사용한 것을 그 대표적인 예로 들었지요. 같은 맥락에서 교회는 "한 아이가 우리를 위해 태어났다"(이사 9:6)는 구절을 그리스도 탄생에 대한 예언이라고 주장했을 수도 있습니다. 비록 신약성서는 이 구절을 그런 식으로 적용하지는 않았지만 말이지요. 뉴먼이 확신했듯 성서의 목적과 기능은 "우리에게 신조를 가르치는 것"이 아니었습니다. 교회는 전통을 따라 신조를 가르쳤고, 이 "가르침을 입증하기 위해 성서에 호소"했습니다. 하지만 그렇다고 해서 누구도 "이렇게 전통에 의지하는 것이 곧 진리의 기록인 성서의 최고 권위와 자격을 폄하하는 것"이라고 여기지 않았습니다. 한 교부에 따르면, 전통은 "영감받은 기록을 대신하거나 왜곡"하는 식으로 "성서를 대체"할 수 없으며, "성서와 함께", 복음의 진리에 "전적으로 예속된 채" 이를 "확증하고, 설명하는" 방식으로 쓰였습니다.[41]

뉴먼에 따르면 은밀하게, 암묵적으로 내려오던 전통은 시간이 흐르면서 공공연하고 명시적인 것이 되었습니다.

---

40 위의 책, 68~69.
41 위의 책, 55~56.

이단들이 끊임없는 혁신을 주장함에 따라, 전통은 공적 영역에서 권위 있는 신경으로 표현될 필요가 있었고, 이내 신경이라는 형식으로 영속화되었다.

그리하여 은밀하고 암묵적인 전통은 "이론상으로도 존재하지 않게" 되었습니다.[42] 이러한 면에서 신경은 "논쟁의 경험과 전통의 목소리가" 합쳐진 결과물이라 할 수 있지요.[43] 하지만 논쟁의 경험과 전통의 목소리가 대립하기보다는 서로를 보완하듯 전통이 유지해 온 두 가지 원칙, 혁신에 대한 적대감과 성서에 나오지 않는 새로운 신앙의 공식들을 사용할 수 있다는 생각은 서로 대립하지 않았습니다. 이 같은 맥락에서 뉴먼은 "끊임없는 혁신"을 외친 이단들의 잘못은 "초기 교회의 증언이 아닌 자신들의 변증술에 의존"했다는 점에 있다고 이야기했습니다.[44]

그의 생각에 니케아 공의회에서 '호모우시온'homoousion('성부와 동일본질')이라는 용어를 신경에 포함하기로 한 결정은 혁신이 아니었습니다. 뉴먼 역시 "(신경을 도입하는) 임무를 수

---

42 위의 책, 61.

43 위의 책, 240.

44 위의 책, 34.

행하는 건 필멸하는 인간이 맞닥뜨릴 수 있는 가장 엄중하고 두려운 일"이라고 이야기했지만, 동시에 이는 "주님의 양 떼를 감독하도록 성령이 임명한" "교회 지도자들의" "고유한 의무"라고 말했지요.

> 과감한 혁신의 흐름이 일어나면, 그들(교회 지도자들)은 최선을 다해 이를 해결해야 했다.[45]

바로 이런 이유에서 아리우스파라는 "혁신의 흐름"이 일어나자 교회는 "성부와 성자는 동일본질"이라고 선포했습니다. "동일본질"이 성서에 나오지 않는다는 이유를 들어 이 용어를 금지하는 건 뉴먼에게 "미신이자 그리스도인의 자유, 사상의 자유에 대한 침해"였습니다. 게다가 "성서와 일치하지만, 성서와는 별개인 전통 신학 체계가 사도 시대부터 교회 내 존재했다는 사실을 고려하면" 더더욱 (전통 신학 체계를 반영하는) 이 용어를 금지해서는 안 된다고 그는 말했지요.

전통 체계에 포함된 "진술들"을 우리는 "하느님의 영감을 받은 것"으로는 보지 않지만, 이들은 적어도 "하느님의 영

---

45 위의 책, 164.

감을 받은 교사들에게서 비롯"된 것은 분명합니다.[46] 이 같은 맥락에서 뉴먼은 호모우시온이라는 용어는 용어 그 자체는 아니라 할지라도 그 내용은 분명히 규범적인 사도 전통에 속해 있다고 보았습니다. 심지어 "독자들을 당혹스럽게 하고 곤란하게 만드는 몇몇 불만스러운 단락에서"는 호모우시온이라는 용어 자체도 전통에 속했을지 모른다고 암시하지요.[47] 기나긴 설명을 제시한 끝에 뉴먼은 '동일본질'이 "교회에서 오랫동안 알고 있던, 거의 성서에서 발견된다고 할 만한 말로, 그 어떤 선택지보다 의미가 덜 비유적이고 덜 구체적이며, 오직 이단들이 쓸 때만 불편함을" 준다고 주장합니다.[48] 이단들도 이 말을 쓰기 시작하면서 '호모우시온'은 일시적으로 오명을 얻었지만, 정통 교회는 이 단어를 구해 냈고(좀 더 정확히 표현하자면 되찾았고) 이를 "이단의 그릇된 설명에 대항하는 보편 신앙의 유일한 실질적 방벽"으로 만들었습니다.[49] 니케아 신경에 포함된 또 다른 표현, 성자를 "빛에서 나신 빛"이라 표현한 것 역시 마찬가지였습니다. 이단들

---

46 위의 책, 237~238.

47 Owen Chadwick, *From Bossuet to Newman: The Idea of Doctrinal Development* (Cambridge: Cambridge University Press, 1957), 235.

48 John Henry Newman, *The Arians of the Fourth Century*, 209.

49 위의 책, 366.

이 "성부에게서 성자가 나셨음을 표현하는, 정통적이고 거의 사도적인 상징"인 이 표현을 오용하자 정통 교회는 신경으로 이 표현의 정당한 지위를 복원했다고 뉴먼은 이야기했지요.[50]

지금까지 검토했듯 뉴먼은 전통이 '이것 혹은 저것'이 아니라 '이것과 저것'을 말할 수 있게 해 준다는 사실을 발견했습니다. 그리고 이를 계시 신학과 자연 신학의 관계를 다룰 때도 적용했지요. 본래 그리스도교 계시가 신약 본문 안에만 국한되지 않고 사도 전통의 형태로, 신약과 나란히 존재했다고 본 그는 이렇게 이야기했습니다.

> 성서 자체의 권위에 근거해 우리는 성서가 우리에게 전하는
> 것뿐 아니라 종교에 관한 모든 참된 지식이 하느님에게서
> 왔음을 고백해야 한다.

2세기와 3세기 알렉산드리아 신학에 기대어 뉴먼은 하느님에 관한 이러한 자연적 지식을 "이교의 경륜"the Dispensation of Paganism이라고 불렀습니다. 그리고 이 지식도 전통이라는 형

---

50 위의 책, 244.

식을 지니고 있었지요(그래서 뉴먼은 이를 "전통 종교에 담긴 신성"
이라고 부르기도 했습니다).[51]

　뉴먼은 일찍이 "명석하고 거의 수학자 같은 관찰자"였던
윌리엄 페일리William Paley의 『그리스도교의 증거들에 관하여』
View of the Evidences of Christianity를 읽었고, 평생 조지프 버틀러
Joseph Butler의 『종교의 유비』Analogy of Religion에 큰 빚을 졌다고
인정했습니다.[52] 하지만, "눈에 보이는 세계의 현상들이 그
자체로 창조주에 관한 지식을 우리에게 알려 준다"는 주장
을 선뜻 받아들이지는 않았지요. 그는 제1 원인 개념을 토대
로 한 토마스주의 논증이나 설계 논증 같은 기존의 신 존재
증명에 기대지 않고, 그 대신 전통 개념에서 변증의 출발점
을 찾았습니다. 뉴먼은 하느님에 대한 자연적 지식이 "그분
의 존재에 관한 보편 전통"에서 나오며, "(자연에서 얻은) 증거
에 대한 연구보다 우선" 한다고 말했습니다.[53] "이교 문헌 자
체가 그리스도교의 핵심 주장들과 직접적인 연관이 있다"는
생각은 결코 받아들이지 않았지요. 대신, 그는 "어떤 학생에

51　위의 책, 88.

52　John Henry Newman, *An Essay in Aid of a Grammar of Assent* (Garden City, N.Y.: Image Books, 1955), 329.

53　John Henry Newman, *The Arians of the Fourth Century*, 166.

게 그리스도교 체계를 소개하는 수단으로 삼을 수 있는, 본래 전통의 흩어진 조각들"이 이교에 있다고, 이런 조각들은 "진짜 금속을 담고 있는 광석"이라고 말했습니다. 그리고 이 같은 광석 중 하나가 바로 "플라톤주의 언어"였습니다.[54]

> 지구상의 모든 종교에는 참되고 거룩하게 계시된 무언가가 있다. 그러나 거기에는 과부하가 걸려 있다. 이 무언가는 인간의 타락한 의지와 이해로 인해 뒤틀리며, 때로는 불신앙과 결합되어 억눌리기도 한다.[55]

뉴먼은 이런 현상이야말로 보편적이라고 여겼습니다. 그렇지만, "매우 이른 시기부터, 어떤 의미로든 삼위일체라는 관념을 제1 원인과 연결하는 전통들이 있었고, 곳곳에 퍼져 나갔다"고 그는 생각했으며 플라톤주의가 그 대표적인 예라고 이야기했습니다. 플라톤 본인도 그랬는지는 "매우 의심"했지만 말이지요.[56] 그렇기에 뉴먼은 이렇게 말할 수 있었습니다.

---

54 위의 책, 96.

55 위의 책, 88.

56 위의 책, 100~101.

모든 인간은 어느 정도는 전통의 지도를 받았다.

비록 "매우 희미하고 결함이 있"기는 하지만, 결과적으로 하느님에 관한 지식을 담고 있는 이 보편 전통은 어느 정도 유효했습니다. "계시는 일부만을 위한 선물이 아니라 보편적인 선물"이며, 따라서 "과거 이스라엘 민족 및 오늘날 그리스도교인들의 상태"와 "다른 이교도들의 상태"를 "구별해 정의할 수" 없으며, "우리는 미래의 복을 얻을 수 있고, 그들은 얻을 수 없다고" 단언할 수도 없다고 그는 이야기했습니다.[57]

고대 전통과 그리스도교 전통의 이러한 관계는 초기 선교회의 선교 활동, 사도 바울이 아테네 사람들에게 한 설교뿐만 아니라 교회가 모든 곳에서 청중에게 복음을 전하는 방식에서도 발견할 수 있다고 뉴먼은 생각했습니다. 사도들의 교회와 교부들의 교회는, (뉴먼의 어린 시절 그에게 영향을 미친) 성공회 복음주의자들이 그러하듯 "청중을 개종시키기 위해 속죄 교리를 통해 (감사나 회한 같은) 감정을 자극"하는 방식으로 선교하지 않았습니다. 신약에 기록된 초기 교회의 설교, 더 나아가 2세기 그리스도교 전통의 해석자들이 행한 변증 속

----

57 위의 책, 89~91.

설교는 "복음을 자연 종교와 연관 짓고, 도덕률에 순종하는 것"을 그리스도교 신앙을 받아들이는 길로 묘사합니다. 이것이 "교회의 한결같은 방법"이었습니다.[58] 자연 종교와 계시 종교가 맞닿는 지점은 자연적 '이성'이 아니라 계시 전통을 머금은 자연적 '전통'이었습니다.

전통이라는 개념을 회복함으로써 자연 종교의 보편성과 계시 종교의 특수성을 모두 붙들 수 있었던 뉴먼은 같은 방식으로 계시 종교의 역사 안에서 보편적인 것과 특수한 것의 관계를 해명할 수 있었습니다. 리옹의 주교 이레네우스 Irenaeus of Lyons 같은 교부들은 "교회 내에 보존된 전통들의 명확성과 타당성"에 호소하면서 이 전통들이 단일하고 완전한 실체를 구성하는 것처럼 말하기도 했습니다만, 초기 그리스도교 문헌을 연구하는 사람이라면 뉴먼이 "각 그리스도교 공동체가 가지고 있던 지역 전통"이라 부른 것을 자료 안에서 발견하게 됩니다.[59] 그리고 『4세기 아리우스파』에서 뉴먼은 주로 이런 특수한 지역 전통들을 다루고 있지요. 첫 번째 장의 제목부터 '아리우스 이단과의 관계를 염두에 두고 바라본

---

58 위의 책, 51.

59 위의 책, 60, 285.

니케아 신경 이전 교회 안팎의 학파들과 당파들'입니다.[60] 여기서 그는 안티오키아와 알렉산드리아 지역 전통도 논의하고 있지요. 뉴먼은 안티오키아의 경우 "아리우스파와 안티오키아 학파 간의 … 역사적 연관"이 있으며, 알렉산드리아의 경우에는 "아리우스 이단이 알렉산드리아에서 공공연하게 시작되기는 했지만, 이는 순전히 우연"임을 입증하려 애썼습니다.[61] "니케아 공의회 이전 아프리카 학파"의 경우에는 분명 정통 삼위일체를 증언한다고 판단했는데 테르툴리아누스가 남긴 저술들이 있었기 때문입니다.[62]

하지만 안티오키아, 알렉산드리아, 아프리카 등 다양한 지역 전통을 서술하면서 그가 각별한 관심을 보였던 지역이 있었습니다. 바로 "니케아 이전 로마 학파"였지요. 뉴먼은 로마 교회가 "당시 교리 및 규율 문제에 관해 주의 깊고 지나칠 정도로 진지하며 꼼꼼한 것으로 이름 높았"으며, 다른 대교구 간에 분란이 발생했을 때 "논쟁의 중재자" 역할을 했다는 사실을 발견했습니다.[63] 게다가 『4세기의 아리우스파』의 주

---

60 위의 책, 1.

61 위의 책, 9, 144.

62 위의 책, 190.

63 위의 책, 140.

요 소재가 된 시기, 즉 아타나시우스의 시대인 4세기에 "로마는 알렉산드리아와 안티오키아 사이의 자연스러운 중재자"였고, 로마가 아타나시우스를 "지지"한 사실은 매우 커다란 의미가 있었습니다.[64] 그래서인지 『4세기 아리우스파』 초판에서는 근대 로마 교회를 염두에 두고 "그리스도교의 타락"이자 "교황의 배교"로 표현한 부분을 1871년 3판에서는 "불필요하게 오늘날 가톨릭 교회를 헐뜯은 두 문장"으로 여기고 "맥락을 훼손하지 않는 선에서 부록 끝부분"에 배치했지요.[65]

초판과 3판 사이 뉴먼은 "당대 성공회에 전통을 다시 주입"하는 식으로는 전통을, 부이에의 표현을 빌리면 "언제나 살아 있는 보편 교회에 대한" 믿음을 회복할 수 없다는 결론에 도달했습니다. 그는 전통이 이끄는 대로 따라가야 했고, 그렇게 하려면 로마 교회의 일부가 되어서 순종해야 한다고 믿었지요. 1837년 『교회의 예언자 임무에 대한 강연』Lectures on the Prophetical Office of the Church에서 뉴먼은 "교회의 깊숙한 곳에 처음부터 존재했던 예언자 전통"에 대해 이야기한 바 있습니다. 그러나 1845년 『그리스도교 교리의 발전에 관한

---

64 위의 책, 306~307.

65 위의 책, 12, 421, vi(3판).

논고』에서는 저 말을 인용하며 "내가 지금 취하고 있는 관점과는 사뭇 다른 관점에서" 저 표현을 사용했다고 밝혔지요.[66] 1845년 뉴먼에게 저 표현은 그가 긍정하는 보편 전통이 로마 가톨릭이라는 특수성 안에만 보존되어 있고, 그 안에서만 가능하다는 의미를 지니고 있었습니다.

안티오키아와 북아프리카, 심지어 알렉산드리아와 로마의 특정 전통까지 관심을 보이기는 했지만, 1845년의 전향 이전이든 이후든 그의 가장 주된 관심사는 이 보편 전통이었습니다. 앞에서 인용한 『4세기 아리우스파』의 내용 중 "지역 전통"에 관한 문장은 다음과 같이 이어집니다.

> 325년 니케아 공의회는 보편 교회의 증거, 성서에서 유래한 논증, 각 그리스도교 공동체가 이미 갖고 있던 지역 전통을 결합해 신경을 수립했다.[67]

"그리스인들은 본능적으로 … 철학적으로 정확한 표현을 향한 열망"이 있다거나 "라틴인들은 … 교리의 대중적 · 실용적 측면을 강조"하는 경향이 있음을, 그렇게 각 지역의 그리

---

66 John Henry Newman, *An Essay on the Development of Christian Doctrine*, 431.

67 John Henry Newman, *The Arians of the Fourth Century*, 285.

스도교 전통은 나름의 개성이 있음을 뉴먼은 모르지 않았습니다.[68] 하지만 지역의 신학이 개성의 수준을 넘어서 깊은 불일치를 드러내기 시작하면, 안티오키아 신학이나 아리우스파의 "혐오스러운 신성모독"의 사례가 그러하듯, 그건 더는 "전통"이라는 명예로운 이름을 지니지 못한다고 그는 생각했습니다.[69] 이런 지역 신학, 분파 신학에 대항하려면 보편전통의 권위를 강조할 필요가 있었습니다.

전통의 회복을 주창한 19세기 사상가 중 가장 중요한 인물이 젊은 시절 전통에 관해서 쓴 이 저작을 읽고 있자면, 자연스레 그의 원숙한 전통 이론의 싹을 찾으려 하기 마련입니다. 이후 뉴먼은 『4세기 아리우스파』에서 논의하는 전통의 특징 중 적어도 두 가지를 본격적으로 다루었습니다. 우선 『4세기 아리우스파』에서 "니케아 이전 신학 진술들의 차이"에 대해 그는 이렇게 이야기했습니다.

교회의 교리 중 어느 정도가 사도 전통에서 직접 유래했는지, 어느 정도가 성서에 정통하며 종교적으로 심오한 정신의 직관적 영적 깨달음의 결과인지는 의견의 차이가 있을

---

68 위의 책, 390.

69 위의 책, 27.

수밖에 없다.[70]

(다음 강연 말미에 더 자세히 다룰) 이 전통과 직관, 혹은 통찰의 관계라는 문제는 "뉴먼의 가장 중요한 철학 저술"로 꼽히는 1870년 작 『동의의 문법을 위한 논고』An Essay in Aid of a Grammar of Assent에서 다시 다루어졌습니다. 『동의의 문법을 위한 논고』에서 나오는 직관 및 "추론 감각"illative sense에 대한 뉴먼의 생각과 (에티엔 질송Etienne Gilson*이 20세기 중반 다시 출간된 『동의의 문법을 위한 논고』의 서론에서 언급한 바 있는) 뉴먼의 사상을 형성한 "순전히 교부 사상에 바탕을 둔 앎의 형성 과정" 사이의 관계를 여기서 다루기는 어려울 것 같습니다.[71] 다만 전통과

---

70 위의 책, 195.

* 에티엔 질송(1884~1978)은 프랑스 철학자이자 철학사가다. 소르본 대학교에서 데카르트에 관한 연구로 박사 학위를 취득한 뒤 소르본 대학교, 하버드 대학교, 토론토 대학교 등에서 교수로 활동했으며 1946년 프랑스 아카데미의 종신회원으로 지명되었다. 토마스 아퀴나스 철학 전통의 가치를 새롭게 살리고 중세철학사 연구의 새로운 지평을 연 학자로 평가받는다. 주요 저서로 『중세철학의 정신』L'esprit de la philosophie medievale, 『철학과 신학』Le Philosophe et la Theologie, 『토마스주의』Le Thomisme 등이 있으며 한국에는 『철학자들의 신』(도서출판 100), 『아우구스티누스 사상의 이해』(누멘), 『성 토마스의 지혜와 사랑』(한국성토마스연구소) 등이 소개된 바 있다.

71 Etienne Gilson, 'Introduction to Grammar of Assent', *An Essay on the Development of Christian Doctrine*, 18.

더불어 직관도 앎의 원천일 수 있다고 주장할 때 뉴먼은 교부 사상에 바탕을 둔 앎의 형성 과정을 따르고 있었다고 보아도 될 것 같습니다. 전통이 모든 것의 원천은 아니라고 주장할 때조차 그는 전통에 충실했습니다.

좀 더 주목해 볼 부분은 『4세기 아리우스파』에서는 '발전'development라는 개념을 그리 강조하지 않았다는 것입니다. 비록 뉴먼 본인은 『나의 삶을 위한 변론』에서 "1832년 아리우스파의 역사를 다루며 나는 이미 전통 안에서 발전하는 교리라는 원리를 받아들였다"고 주장하지만 말이지요. 이와 관련해 이브 콩가르Yves Congar**는 말했습니다.

뉴먼(그가 유일하다고는 할 수 없으나 이 문제에 관해서는 예나 지금

** 이브 콩가르(1904~1995)는 프랑스 출신 로마 가톨릭 사제이자 도미니크회 수도사다. 파리 가톨릭 대학교에서 철학을 공부하고 도미니크회 신학교에서 신학을 공부한 뒤 1930년 사제 서품을 받았다. 1931년부터 도미니크회 신학교에서 기초신학과 교회론을 가르치며 교회일치운동에 깊이 참여하기 시작했다. 제2차 바티칸 공의회 신학 위원회, 일치문제 위원회에 전문위원으로 참여했고, 칼 라너, 에드바르트 스힐레벡스, 한스 큉과 함께 「콘칠리움」이라는 신학 잡지를 만들고 다양한 저술 활동을 펼쳤다. 1994년에는 신학의 발전과 교회일치운동에 기여한 공로로 추기경이 되었다. 주요 저서로 『전통과 교회의 삶』La Tradition et la vie de l'Eglise, 『나는 성령을 믿나이다』Je crois en l'Esprit Saint(가톨릭출판사), 『말씀과 숨』La Parole et le Souffle(가톨릭출판사) 등이 있다.

이나 가장 기본적인 출발점이다)은 발전이라는 관념을 전통의
내적 차원으로 보았다.[72]

『그리스도교 교리의 발전에 관한 논고』를 익히 아는 독자라
면 이 내적 차원을 찾기 위해서 『4세기 아리우스파』를 들여
다보겠지만, 이건 헛된 시도이고, 뉴먼도 이 허점을 알고 있
었던 듯합니다. 1장 결론부에서 그는 이단과 "그 이후로 전
개된 그리스도교의 변질과의 관계" 같은 "더 심오하고 흥미
로운 물음들이 남아 있음"을 인정했지만, 이런 물음은 "본 저
작의 구조 안에서 논하기에는 너무 광범위"하다고 설명했습
니다.[73] 이 문제는 『그리스도교 교리의 발전에 관한 논고』에
서 다루어졌는데, 전통이 '발전'이라는 (콩가르의 표현을 빌리
면) "내적 차원"을 얻게 됨에 따라 아리우스파의 문제가 새롭
게 조명되었으며 발전이라는 말 역시 새로운 맥락을 갖게 되
었지요.

　『4세기 아리우스파』는 전통의 재발견 그리고 전통의 회
복이 무엇인지를 잘 보여주는 사례라 할 수 있습니다. 뉴먼
의 독자적인 전통사 연구와 그가 이를 전유하는 과정 모두를

72　Yves Congar, *Tradition and Traditions*, 211.

73　John Henry Newman, *The Arians of the Fourth Century*, 146.

보여주기 때문이지요. 그는 전통의 회복으로 이어지지 않는 전통의 학술적·역사적 재발견을 수행할 마음이 없었습니다. 『그리스도교 교리의 발전에 관한 논고』에서 뉴먼은 말했습니다.

> 역사에 깊이 빠진다는 것은 개신교인이기를 그만둔다는 뜻이다.[74]

그는 역사 연구에 근거하지 않은 전통의 회복에 대해서는 매우 관대했습니다. 전통의 본체를 이루는 "교육받지 못한 이들의 신앙"의 건전함을 믿었기 때문이지요. 하지만 "침묵하는 신자들" 사이에서도 이 전통이 사라지면 역사 연구를 통해서만 이를 회복할 수 있다고 보았습니다. 이러한 생각은 『4세기 아리우스파』에 이미 나타나 있지요. 뉴먼의 세기는 이러한 역사 연구의 황금기였지만, 그 못지않게 '전통은 순전히 역사 속에서 결정되는 것이며, 따라서 뉴먼과 같은 시도를 통해 전통이 회복된다고 해서 이에 충성할 필요는 전혀 없다'고 주장하는 상대주의, 혹은 역사주의historicism의 황금

---

74 John Henry Newman, *An Essay on the Development of Christian Doctrine*, 7.

기기도 했습니다. 다음 강연에서는 역사주의와 회복의 관계를 살펴보도록 하겠습니다.

III
역사로서의 전통
– 변론

토머스 제퍼슨을 기리는 강연에 "전통을 옹호하다"와 같은 제목이 붙은 걸 제퍼슨이 보았다면 어떻게 생각했을지 모르겠습니다. 아마 반대했겠지요. 그는 전통이 생활 수준을 향상하고 자유를 보호하고 행복을 추구하는 데 도움은커녕 방해만 된다고 생각했기 때문입니다. 우리 시대의 가장 탁월한 미국사학자의 말을 들어 볼까요.

제퍼슨은 어떤 특정 전통에도 얽매이지 않았다. 그는 그리스도교 전통을 개혁하려 했고, 인문주의 전통을 부인했으며, 잉글랜드 전통에서도 벗어나야 한다고 주장했다. 다른 사람들은 과거를 통해 인간의 가능성을 발견했지만, 그에게

과거란 부패하고 죽은 것이었다.[1]

마르틴 루터 역시 '전통을 옹호하다'라는 강연 제목을 마음에 들어 하지 않았을 겁니다. '인간의 전통들', '사람들 사이에 있는 규약Menschensatzungen이라고 불리는 것을 경멸했으니 말이지요. 그는 전통을 수 세기 동안 인류가 덧붙인 거추장스러운 것으로 보았고, 하느님의 말씀이라는 본래의 순수한 내용과 대립한다고 여겼습니다.[2] 제퍼슨과 루터는 동시대인들에게 전통을 넘어서 나아가라고, 전통이 가리고 있는 진짜를 보라고 요구했습니다. 전통은 상대적이고 역사에 좌우되지만, 진리는 절대적이고 역사라는 변질과 무관하다고 생각했지요.

루터를 비롯한 16세기의 인물들, 그리고 제퍼슨을 비롯한 18세기의 인물들이 논쟁을 할 때 역사적 논증을 폭넓게 사용한 이유는, 이처럼 역사에 변질되지 않는 진짜 진리와 역사적이고도 상대적인 전통 사이의 대립을 입증하기 위해서였습니다. 루터와 그의 동료들에게 '교황 제도는 하느님의 뜻

---

1   Daniel J. Boorstin, *The Lost World of Thomas Jefferson* (Boston: Beacon Press, 1960), 225~226.

2   Jaroslav Pelikan, *Luther the Expositor*, 71~88.

에 따라 세워졌으므로 초자연적 권위를 가진다'는 주장은 성립할 수 없었습니다. 역사에 비추어 볼 때 교회의 제도, 관행, 심지어 교리도 시간이 지나면서 변화했기 때문이지요.[3] "처음과 같이 지금도, 그리고 영원"한 것은 하느님과 하느님의 말씀뿐이고, 줄곧 변화하는 교회 전통은 그렇지 않았습니다. 르네상스 인문주의의 비판적 방법론과 성서 문헌학을 익힌 프로테스탄트 개혁가들은 교부들이 활동하던 시기, 중세로부터 간직해 온 전통의 기원과 발전 과정을 역사적으로 규명할 수 있었습니다.[4] 이런 탐구를 바탕으로 그들은 전통의 권위에 기반을 둔, '수 세기 동안 이루어진 합의'라는 가정을 깨뜨렸습니다.

16세기 종교개혁이 교황제도, 성사, 성인들의 전설을 역사적으로 비판한 것과 마찬가지로 18세기 계몽주의는 '성스러운' 전통들을 비판했고, 여기에는 주류 종교개혁자들이 비판과 타파의 대상이 될 수 없다고 한 것들(이를테면 삼위일체나 그리스도의 신성과 인성 같은 정통 교리)도 있었습니다.[5] 이러한 흐

---

3 John M. Headley, *Luther's View of Church History* (New Haven: Yale University Press, 1963), 51.

4 Paul Oskar Kristeller, *Renaissance Thought: The Classic, Scholastic, and Humanistic Strains* (New York: Harper Torchbooks, 1961), 79.

5 Claude Welch, *In This Name: The Doctrine of the Trinity in Contemporary Theology*

름이 계속되자 이내 '전통 비판'이라는 기획의 명분으로 제시된 규범들도 역사 비평의 대상이 되었지요. 그때까지만 해도 사람들은 인간이 만든 무수한 개별 법률과는 달리 (미국 독립 선언서의 표현을 빌리면) "자연법과 자연을 창조한 신의 법"the laws of nature and of nature's God은 변함없고 자명하다고 여겼지만, 이제 이조차 역사라는 변화의 산물임이 드러났습니다. 성서 또한 개별적인 책으로든 성스러운 정경으로든 천 년 넘는 시간 동안 근동 역사 속 변화와 우연한 사건들을 거치며 만들어졌다는 사실이 드러났지요.

역사 비평 방법이 자유롭게 사용되면서, 동일한 기준을 적용받지 않는, 특권을 지닌 성역 같은 개념은 더는 받아들여지지 않았습니다. 이사야 벌린 경Sir Isaiah Berlin이 지적했듯 "19세기 니부어Barthold Georg Niebuhr와 뵈크August Boeckh부터 몸젠Theodor Mommsen과 부르크하르트까지, 사비니Friedrich Carl von Savigny와 랑케Leopold von Ranke부터 베버Max Weber와 트뢸치Ernst Troeltsch까지 위대한 독일인 대가들이 역사 서술 방법의 변화"를 이끌었지요.[6] 이들을 통해 인간 경험의 다양한 영역

(New York: Charles Scribner's Sons, 1952), 3~9.

6 Isaiah Berlin, 'Foreword to Friedrich Meinecke', *Historism: The Rise of a New Historical Outlook* (New York: Herder and Herder, 1972), ix.

은 차례로 역사 연구의 대상이 되었고, 역사 탐구야말로 이런 영역을 이해하는 가장 탁월한 수단이라는 생각이 확산되었습니다. 당시에 커지고 있던 민족(혹은 국민)의식national consciousness은 이러한 역사 연구를 고취했고, 역사 연구는 다시금 민족의식을 강화했지요. 이러한 과정 가운데 역사 연구는 서구 각 나라의 민족 문학 문헌을 다루는 표준 방식으로 확립되었습니다.[7] 어떤 작품을 '설명'해 주는 것은 그 작품의 주제나 장르도 아니고, 문학사에서 그 작품이 차지하는 위치, 그 작품 앞뒤에 놓인 기념비적 작품들과 이 작품이 맺는 관계, 그 작품의 저자가 처했던 특수한 역사적 환경이라는 것이지요. 같은 맥락에서 작품을 해석할 때는 저자가 누구인지 확인하는 것이 가장 중요한 일이 되었고, 문학사에서 어떤 작품이 차지하는 위치를 알기 위해서는 이 작품이 어떤 자료를 바탕으로 삼았는지를 밝혀야만 했습니다.

철학 사상의 역사를 탐구하는 일은 오랫동안 철학 활동의 일부였습니다. 우리가 소크라테스 이전 철학자들에 관해서 아는 지식의 상당 부분은 아리스토텔레스가 기록한 역사 덕분이지요. 그러나 이제는 (헤겔에게서 시작되어 위대한 고전학자

---

7 René Wellek, *A History of Modern Criticism: 1750-1950* (New Haven: Yale University Press, 1955), 1:27~30.

들, 에티엔 질송 같은 위대한 중세학자들이 이어받은 관행에 따라) 형이상학 연구는 반드시 철학 체계의 발전에 대한 서술을 서론에 포함하도록 요구받게 되었습니다.[8] 마찬가지로 종교개혁 시기의 논쟁에서 양측이 무기로 삼았던 그리스도교 교리의 역사는 그 자체로 신학의 연구 분야가 되어 다양한 신앙 배경을 가진 학자들을 끌어들였지요. 20세기 가장 영향력 있는 신학자인 칼 바르트Karl Barth가 다소 슬픔에 잠긴 어조로 말했듯 19세기에는 "가장 탁월한 신학적 지성의 소유자들이 역사에 빠져드는, 썩 좋게 보이지 않는 광경"이 나타났습니다.[9] 이들은 교리의 체계를 쓰기보다는 교리의 원천을 탐구했습니다.

존 헨리 뉴먼의 경우에서 보았듯 이런 역사 탐구는 때로 전통을 향한 충성심을 고취하고 심지어 전통의 회복을 불러오기도 했습니다. 하지만 대체로는 역사의 조류에 따라 전통이 변화해 온 과정을 밝힘으로써 전통의 권위를 절대적인 것에서 상대적인 것으로 만드는 과정을 되풀이했지요. 이에 전

---

8 Karl Löwith, *Von Hegel zu Nietzsche* (Zurich: Europa Verlag, 1941), 44~48. 『헤겔에서 니체로』(민음사)

9 Karl Barth, *Protestant Thought: From Rousseau to Ritschl* (New York: Harper and Row, 1959), 311. 문장을 약간 수정해서 인용했습니다.

통의 수호자들은 종종 방어 기제를 드러내면서, 권위를 상대
화하는 비판이나 역사 연구가 침입할 수 없는 영역을 명시하
고 싶어 했습니다. 처음에는 성서 전체를, 그다음에는 성서
중에서도 신약을, 그다음에는 네 편의 복음서라도, 궁극적으
로는 예수 그리스도라는 인물만이라도 비판의 성역으로 남
겨두려 했지요. 물론 경계를 긋기가 무섭게 침범당했지만 말
입니다. 신학의 전통에 대한 비판적 연구를 둘러싸고 일어
난 19세기 말의 논쟁들은 매우 극적이었습니다. 로마 가톨
릭 교회에서 이루어진 근대주의에 대한 탄압, (개신교의 경우)
장로교 총회에서 찰스 오거스터스 브릭스Charles Augustus Briggs*
를 이단 재판에 세운 일은 그 대표적인 일이라 할 수 있겠지
요.[10] 하지만 자신들이 소중히 간직해 온 신념의 권위를 역사

---

* 찰스 오거스터스 브릭스(1481~1913)는 미국의 신학자이자 성공회 신부
다. 버지니아 대학교, 유니온 신학교, 베를린 대학교에서 신학을 공부
했다. 처음에는 장로교 목사로 활동하면서 유니온 신학교에서 구약
학을 가르쳤으나 1892년 (모세가 오경의 저자가 아니며 이사야가 이사야서 후
반부의 저자가 아니라는 이야기 등을 담은) 교수 취임사 연설을 근거로 이단
혐의 재판을 받아 목사직을 박탈당하고 파문당했다. 이후 성공회로
옮겨 사제 서품을 받았으며 에든버러 대학교, 글래스고 대학교, 옥스
퍼드 대학교 등에서 명예 박사 학위를 받았다. 브라운-드라이버-브릭
스BDB로 알려진 구약의 히브리어 및 영어 사전의 편찬자, 국제비평주
석 시리즈International Critical Commentary Series의 편집자로 널리 알려져 있다.

10 Lucio da Veiga Coutinho, *Tradition et histoire dans la controverse moderniste, 1898-
1910* (Rome: Gregorian University, 1954). 그리고 다음을 참조하십시오.

주의historicism(이 말은 이제 전통을 상대화하기 위해 역사를 활용하는 입장이라는 의미를 갖게 되었습니다)가 위협한다고 생각한 이들은 그리스도교 신학자와 성직자뿐만이 아니었습니다. '오시안'Ossian이 썼다고 알려진 시들의 진짜 저자에 관한 논쟁, 리튼 스트레이치Lytton Strachey의 1918년 작 『빅토리아 시대의 명사들』Eminent Victorians을 둘러싼 격렬한 논쟁, (미국의 경우) 찰스 비어드Charles Beard의 1913년 작 『미국 헌법에 대한 경제적 해석』Economic Interpretation of the Constitution을 향해 쏟아진 비평과 반응을 봐도 그렇지요.

하지만 양날의 검은 양쪽을 모두 겨눕니다. 프리드리히 마이네케Friedrich Meinecke는 비판적 역사 연구를 통해 역사주의의 기원과 역사주의 지지자들을 살펴보면, 많은 경우 '먼

Lefferts A.Loetscher, *The Broadening Church: A Study of Theological Issues in the Presbyterian Church since 1869* (Philadelphia: University of Pennsylvania Press, 1957), 48~74.

* 프리드리히 마이네케(1862~1954)는 독일의 역사학자다. 베를린 대학교에서 공부한 뒤 스트라스부르 대학교, 프라이부르크 대학교를 거쳐 베를린 대학교에서 역사학 교수로 활동했다. 제2차 세계대전 기간 프랑코니아로 피신했다가 1946년 베를린으로 돌아와 1848년 베를린 자유대학교의 최초 명예 총장으로 활동했다. 바이마르 공화국 시기 독일 역사학계를 대표하는 학자이자 관념사 연구의 창시자로 평가받는다. 주요 저서로 『괴테와 역사』Goethe und die Geschichte, 『국가권력의 이념사』Die idee der staatsrason(한길사), 『세계시민주의와 민족국가』Weltbürgertum und nationalstaat(나남) 등이 있다.

저' 전통의 권위에 거부감을 가졌고, 그다음에야 전통이 역사적으로 상대적이라는 점을 '발견'했음을(그리고 이를 통해 권위에 대한 거부감을 정당화했음을) 밝혀냈습니다.[11] 따라서 전통을 훼손한 책임을 역사주의자들에게만 돌리는 것은 역사적으로 온당하지 않은 일입니다.

또한, 19세기에 전개된 역사 서술의 역사를 살펴보면, 전통의 역사를 다루며 역사 환경이 전통의 전개에 커다란 영향을 미쳤음을 입증하는 부분, 그리고 이를 바탕으로 끊임없이 변화가 나타났음을 입증하는 부분만을 뽑아내는, 고도로 선별적인 과정이 존재했습니다. 그리스도교 전통의 역사 연구를 할 때 널리 인용되는 (시카고 대학교 신학부 학장이었던 셜리 잭슨 케이스Shirley Jackson Case의 기념 논문집인) 『그리스도교 역사의 환경적 요인들』Environmental Factors in Christian History의 목차만 보더라도 이런 선별 과정이 엿보이지요.[12]

이와 달리 역사의 연속성 즉 '비환경적 요인'nonenvironmental factors이라 부를 수 있는 것의 증거들은 학계에서 그다지 주

---

11 괴테에 대한 마이네케의 분석은 탁월합니다. Friedrich Meinecke, *Historism*, 373~495.

12 John Thomas McNeill, Matthew Spinka(ed.), *Environmental Factors in Christian History* (Chicago: University of Chicago Press, 1939)

목받지 못하는 경향이 있습니다. (제가 직접 쓴 것을 제외하면) 학술 문헌으로 발표된 내용은 한 번도 본 적이 없고, 그래서 이에 관한 전거를 어떻게 보여야 할지, 각주를 달더라도 어떻게 해야 할지 잘 모르겠더군요. 하지만 1,900년이 넘는 시간 동안 다양한 문화권에 속한 그리스도교인들이 거의 매일 **빵과 포도주를 축성하고 성찬을 거행해 왔다는 사실**은 (잠시 제퍼슨주의자가 되어 말해 본다면) '자명한 진리'입니다. 이것이 자명한 진리라면, 이는 변화 가운데서도 이어지고 있는 것이 있음을 보여주는 강력한 사례이자 전통의 실재를 보여주는 대표적인 사례라고도 할 수 있습니다. 어떤 면에서 이는 관념사 연구자보다는 인류학자가 더 잘 설명할 수 있는 현상이기는 하지만 말이지요.

관념사, 사상사 연구자들은 여러 세대가 언어와 사상을 변형해 가면서 이를 통해 관행을 받아들이는 과정을 연구합니다. 이런 변형은 연속성보다는 불연속성을, 변화를 주로 반영한다고 말할 수 있습니다. 성찬에서 주님의 임재에 관한 특정 이론을 지지하는 이들이 이른 시기의 문헌들로부터 그 근거를 찾으려 하는 모습을 보아도 이를 알 수 있지요. 그러나 이론은 계속 이어지고 있는 관행을 이해하기 위해 변화했으며 순수하게 (어떠한 의미로든) 역사적인 관점에서 보더라도,

변화는 이어지고 있는 관행과 별도로 이해할 수 없습니다. 여느 역사가들이 해 왔듯 성찬 신학이 어떻게 '변화'했는지만을 살핀다면, 성찬 신학이 발전해 온 전체 역사적 상황, 달리 말하면 역사의 연속성, 즉 전통이라는 환경을 제대로 다루는 데 실패하고 말 것입니다.

물론, 전통에 대한 역사 비평 연구가 19세기에 거대한 지적 성취를 이루었다는 점은 부정할 수 없습니다. 전통이 전개된 과정을 역사라는 무대 위에서 이해해야 한다는 강력한 요구에 고무되어 역사가들이 수많은 비평판과 연구 논문들을 내놓지 않았다면, 오늘날의 연구자들은 (각자 연구 대상으로 삼는 시기를 막론하고) 어떤 상황에 처해 있었을까요? 제가 몸담은 그리스도교 역사, 그리스도교 사상사 연구자들은 모두 앞선 시대의 수도원 필경사들과 교회사 편찬자들에게 커다란 빚을 지고 있습니다. 설령 『로마 제국 쇠망사』Decline and Fall 47장에서 에드워드 기번Edward Gibbon이 티유몽 신부Abbé Tillemont에 대해 말했듯 기꺼이 인정하기 망설여진다 해도 말이지요.

이쯤에서 나는 저 비길 데 없는 안내자에게 영원히 이별을 고해야만 하겠다. 그의 박식함과 근면, 진실성, 조심스러운

세심함은 그의 편협함을 상쇄하고도 남는다.[13]

하지만 동시에, 지난 백 년 동안 활동한 비판적 역사가들이 앞선 시대의 교회사가들 이상으로 문헌에 관심을 기울였다는 점에도 이론의 여지가 없습니다. 그 문헌들을 규범으로서, 전통의 일부로서 권위를 지니고 있다고 인정하지 않았음에도 불구하고 말이지요.

베를린 대학교의 칼 홀Karl Holl*은 베를린 그리스 교부 총서the Berlin corpus of the Greek church fathers의 일환으로 4세기 이단 연구자 살라미스의 에피파니우스Epiphanius of Salamis의 복잡하고도 장황한 『약상자』Panarion(또는 『이단 반박』Refutation of All the Heresies)을 편집하면서 미로 같은 비잔티움 문헌들 사이를 헤

---

13 Edward Gibbon, *The History of the Decline and Fall of the Roman Empire* (London: Methuen and Company, 1896~1900), 5:132. 『로마제국 쇠망사 1~6』 (민음사)

* 칼 홀(1866~1926)은 독일의 개신교 신학자이자 교회사가다. 튀빙겐 대학교와 베를린 대학교에서 신학을 공부했으며 튀빙겐 대학교 교회사 교수를 거쳐 베를린 대학교에서 교회사 교수로 활동했다. 루돌프 헤르만, 파울 알트하우스 등과 함께 마르틴 루터의 생애와 문헌에 관한 세밀한 연구를 바탕으로 개신교 종교개혁 사상을 체계적으로 재구축하려는 이른바 '루터 르네상스'를 이끈 학자로 평가받는다. 주요 저서로 『개신교 역사에 비추어 본 칭의 교리』Die Rechtfertigungslehre im Licht der Geschichte des Protestantismus, 『초기 그리스도교와 종교사』Urchristentum und Religionsgeschichte 등이 있다.

쳐 가며 이단자들, 이단 사냥꾼들이 남긴 온갖 문헌 및 단편
들과 에피파니우스 사이의 관계를 추적했습니다. 홀의 스승
이자 동료인 아돌프 폰 하르낙이 그의 장례식 연설에서 말했
듯 그는 "비할 바 없는 작업 능력과, 더할 나위 없이 믿음직
한 학식, 강직한 비판적 판단력을 지니고서 이 과업을 수행
했고, 그 결과 고대 저자 비평본의 모범으로 삼을 만한 책을
만들었습니다".[14] 에피파니우스와 관련해서 홀이 내놓은 작
업은 많은 부분 전례 없는 것이고, 앞으로도 손댈 여지가 없
는 성취로 남을 것입니다. 하지만 홀은 에피파니우스가 엄숙
한 자세로 헌신했던 정통의 권위를 옹호하지 않았습니다. 오
히려 그는 다른 전통, 즉 역사 탐구라는 전통에 헌신했으며,
이 전통에 따라 비잔티움 전통을 맥락 안에 집어넣고 이 맥
락을 바탕으로 비잔티움 전통을 설명하려 했지요.

이런 과정을 거치면서 전통에 대한 역사 비평 탐구라는
방법과 성과는 그 자체로 전통이 되었습니다. 고대 전통에
대한 확고한 비판자들은 이 새로운 전통을 논증으로 확인된
명백한 진리로 여기며 이에 헌신하고 열렬히 옹호했지요. 이
러한 모습은 역사 비평 연구가 (에이브러햄 링컨Abraham Lincoln

---

14   Adolf von Harnack, 'In memoriam: Karl Holl', *Aus der Werkstatt des
      Vollendeten* (Giessen: Alfred Töpelmann, 1930), 285.

의 표현을 빌리면) "평온했던 과거의 교의들"을 향해 처음으로 전쟁을 선포했을 때 과거 전통의 수호자들이 보였던 태도와 똑같습니다. 역사주의의 안내를 따른 연구자들이 탁월하게 자신이 맡은 임무를 해냈기 때문에, 이제 이러한 흐름도 우리의 지적 전통 안에 깊게 뿌리내렸음을 부정할 수는 없습니다. 이제는 누구도, 우리 유산의 일부인 전통의 역사적 특성을 제대로 다루지 않으면서 전통을 해석하는 방식으로 되돌아갈 수 없습니다. 그리고 짐작하건대, 가끔 아쉬움에 잠기는 순간들은 있겠지만, 대체로는 그러고 싶어 하지도 않을 것입니다. 좀 더 직설적으로 말하면, '성스러운 전통'에 대한 역사 비평 연구가 침범할 수 없는 성역은 이제 그 누구도 세우지 못할 것입니다. 사상사, 과학사, 신앙의 역사는 이미 "폐허가 된 성가대석"*으로 가득합니다.

이제 우리는 이 문제를 직시하고, 학자이자, 사상가이자, 시민이자, 신자로서(혹은 이 가운데 몇 가지 정체성을 가지고서) 역사주의에 입각한 연구들이 밝혀낸 역사적 사실들을 기꺼이, 적어도 정중하게 받아들여야 합니다. 그 뒤에 불가피하게 제기되는 물음은 다음과 같습니다. 우리의 지적 · 도덕적 · 정

---

* 셰익스피어의 소네트 73에 나오는 표현이다.

치적·영적 유산인 전통이 지닌 인간적인, 너무나 인간적인 속성을 인정하면서, 동시에 그럼에도 (어쩌면 그런 이유로) 이 전통이 규범으로 기능할 수 있으며 구속력 있음을 긍정하려면 어떻게 해야 할까요? 더 나아가 이를 성스러운 전통이라 부를 수 있다면 어떠한 의미에서 그럴 수 있을까요?

1960년대 사람들이 흔히 이야기했듯 미국 헌법을 '백인 남성 노예주들'이 만들었다고 한다면, 이스라엘 백성이 인류사에서 가장 압도적인 깨달음을 얻은 계기가 쉐마, 즉 "이스라엘은 들으십시오. 주님은 우리의 하느님이시오, 주님은 오직 한 분뿐이십니다"(신명 6:4)라는 기도에서 표현하듯 불타는 떨기나무 사건이 아니라 부족신 관념에서 시작해 수 세기에 걸친 진화 과정을 거쳐 유일신교에 이른 것이고, 그다음 불타는 떨기나무와 시나이 산이라는 전통을 만들었다고 한다면, 하나이고 거룩하고 보편되며 사도로부터 이어오는 교회가 종말에 대한 잘못된 기대를 가지고 출발했으며 이 기대가 꺾인 데 대한 보상으로 전통과 전례와 교리가 나타났다고 한다면, 이렇게 논란의 여지가 있는 비판적 전통사의 가설 중 일부 또는 전부가 사실이며 이 가운데 (전부는 아니더라도) 하나 이상을 우리의 전통으로 긍정한다면, 어떻게 해야 역사가 만든 전통의 공동묘지 곁을 지나면서 애써 의연한 척하는 일

없이, 이를 계속 신조라고 부를 수 있을까요?

전체 강연의 반환점을 막 지난 지금, 어쩌면 제가 이런 물음을 다룰 자격이 있음을 먼저 입증해야 하는지도 모르겠습니다. 제퍼슨 강연의 연단에 서면 일시적으로나마 아주 권위 있는 인물이 된 듯한 기분이 드니 말이지요(제 전임자들은 이 기분을 잘 이겨내기도 했고 그러지 못하기도 했습니다). 이 기분을 뒤로 하고 말해 보자면, 우선 특정 전통을 깊이 연구해서 그 전통의 역사적 전개를 구체적이고 상세하게 알기 전에는, 전통 개념 자체를 규정할 수 없음을 강조하고 싶습니다. 이건 전통의 재발견, 전통의 회복 모두에 적용됩니다. 서구 문화에서 나타난 지적 운동 중에 성서가 전하는 바를 규명하려는 시도만큼 오래도록 꾸준히 전개된 운동은 없습니다. 이런 학문 연구에 평생을 바쳐 왔다면 전통에 관한 어느 정도의 통찰을 가지게 되지요. 그리고 이러한 통찰은 이와 유사한 방식으로 태어나고 사람들이 헌신하는 다른 전통들에도 마찬가지로 적용될 수 있다고 저는 생각합니다.

그리스도교 전통에 속한 문헌, 관념들, 제도들은 다른 모든 전통을 합한 것보다도 더 많이, 더 면밀하게 역사 비평의 대상이 되었습니다. 이를테면 현대 본문 비평 방법론의 상당 부분은, 오늘날 탐구 대상으로 삼는 문헌이 무엇이든, 에라

스무스Erasmus나 그보다 더 앞선 시기에 시작된 신약 필사본과 판본 연구의 산물입니다. 마찬가지로 18세기와 19세기 역사주의는 그리스도교 전통 안에서 상대적인 것들을 발견함에 따라 가장 풍부한 증거를 얻었고, 에른스트 트룈치를 통해 가장 도발적이고도 체계적으로 서술되었습니다.[15] 이 모든 사실로 보건대 그리스도교 전통 안에서 교리가 전개된 역사를 연구하는 사람으로서 저에게는 전통이라는 개념 자체에 대해, 어떻게 전통을 재발견하고 회복해야 하느냐는 문제에 대해, 전통의 역사를 고려하면서도 전통을 옹호할 수 있느냐는 문제에 대해 심사숙고할 책임이 있고, 이에 대해 발언할 권리도 있다고 생각합니다.

먼저, 우리 자신의 탄생과 성장에 비추어 이야기를 시작해봅시다. 언젠가 산악인 조지 맬러리George Mallory가 왜 에베레스트에 오르려 하냐는 질문에 "거기 있으니까"라고 답변을 한 적이 있지요. 전통도 마찬가지입니다. 우리를 낳은 전통의 존재를 받아들이는 것은 성장 과정의 근본적인 부분이며, 부분이어야 합니다. 당연히 여기에는 이 전통의 내용을 아는 것이 포함되지요. 앞에서 넌지시 이야기했듯, 우리는 우리의

---

15 Ernst Troeltsch, *Der Historismus und seine Überwindung: Fünf Vorträge* (Berlin: Pan Verlag, Rolf Heise, 1924) 『역사와 윤리』(한들출판사)

지적, 영적 DNA를 따라 형성될 것이냐, 그러지 않을 것이냐를 선택할 수 없습니다. 문화는 아무런 배경 없이 스스로 발생하지 않습니다. 일부 청소년들(그리고 청소년기를 지났음에도 청소년을 벗어나지 못한 이들)은 자신이 성별을 발명하고 자신에게 걸맞은 옷을 입고 다닌다고 생각할지 모르지만, 그들이 그곳에 그러한 방식으로 있다는 사실은 이미 누군가 그전에 그 나이와 성별에 대해, 이에 어울려 보이는 옷에 대해 생각했음을 보여주지요.

물론, 그렇다 해도 우리는 몇 가지 선택을 해야 합니다. 우선 첫 번째 강연에서 많은 부분을 할애해 설명했듯 우리 전통 안에 있는 우리의 기원을 이해할 것인지, 아니면 이해하지 못한 채 전통이 우리에게 영향을 미치도록 내버려 둘 것인지를 선택해야 합니다. 달리 말하면 전통을 의식하고 거기에 참여자가 될 것인지, 의식하지 못한 채 희생자가 될 것인지를 택해야 합니다. 이해의 길을 택한다면, (생물학적 DNA의 경우와는 다르게) 우리는 두 번째 강연에서 논의한 또 다른 갈림길에 서게 됩니다. 회복과 폐기 사이에서, 혹은 부분적 회복과 부분적 폐기가 결합된 수많은 가능성 가운데에서 선택하는 것이지요. 이 역시 진짜 선택입니다. 이전의 몇몇 세대가 그랬듯 무지와 맹신 위에서 전통을 회복하는 것, 혹은 우리 세대 많은 이가 그러하듯 무지와 편견 위에서 전통을 폐기하는 것은 바람직하지 않은 일입니다. 아이가 자기 부모를 전지전능한 존재로 믿고 그들의 결점을 보지 못하거나 무시한다면, 그 아이가 아직은 어리숙한 상태에 있다고 볼 수밖에 없을 것입니다. 하지만 그러한 결점을 알게 된다고 해서, 하느님의 뜻에 따라 자신에게 생명을 준 부모를 전혀 존중하지 않고, 아무런 존경심도 갖지 않는다면 이 또한 사춘기에 머물러 있다고 봐야겠지요.

부모와 성숙한 관계를 맺는 이는 부모가 전지전능하다는 믿음과 부모의 연약함에 대한 경멸을 모두 뛰어넘어, 상속인임과 동시에 자유인으로서 자신의 자리를 찾아가는 가운데 부모가 자신에게 미친 결정적인 역할을 이해하고, 이에 감사를 표하기 마련입니다. 우리의 영적·지적 부모인 전통과의 관계도 마찬가지입니다. 부모라는 추상적인 개념은 실제 부모를 대체할 수 없고, 추상적인 세계시민주의는 우리의 실제 전통을 대체할 수 없습니다. 예루살렘은 진정한 "우리의 어머니"(갈라 4:26)입니다. 좀 더 정확하게는 우리 모두의 할머니라 할 수 있겠지요. 또 다른 할머니는 아테네입니다(누구나 할머니는 두 분이니까요). 우리의 전통 안에서 아테네와 예루살렘은 서로 갈등하고, 보완하기를 반복하며 대위 선율을 이루고 있습니다.[16] 두 할머니의 자손인 우리는 바로 이 선율을 노래하는 법을 배워야 하고, 이 대위법에서 우리의 고유한 선율을 지어내는 단계로 나아가야 합니다. 전통의 소리를 듣지 못하면 과거와 현재의 목소리, 나아가 미래의 목소리도 듣지 못하게 됩니다.

참되고 살아 있는 전통은 자기 너머의 길을 우리에게 알려 줍니다. 이것이야말로 그 전통이 참되고 살아 있다는 표식입니다. 전통의 이런 특징을 설명하기 위해 동방 그리스도교 전통에서 유래한 한 가지 구별법을 이야기해 보겠습니다.[17] 8~9세기 동방 교회에서는 그림이나 조각 등을 사용하는 것이 적절한가를 두고 격렬한 논쟁을 벌였습니다. 오늘날 성상 파괴 논쟁이라고 불리는 논쟁의 결과 중표token와 우상idol과 참된 모상 혹은 성상icon의 구별법이 생기게 되었지요. 우상은 자신이 표상하는 존재를 구현한다고 주장하지만, 실제로는 자기 너머의 존재를 보게 하지 않고 자신에게 집중하게 만듭니다. 이러한 맥락에서 우상 숭배는 표상 너머에 있

16 Charles Norris Cochrane, *Christianity and Classical Culture: A Study of Thought and Expression from Augustus to Augustine* (London: Oxford University Press, 1944), 213~260.

17 Jaroslav Pelikan, *The Christian Tradition*, 2:91~145.

는 초월적 실재를 보지 못하는 것을 의미합니다. 반면 증표는 증표 너머의 존재를 보게 하지만, 이 존재를 구현하지는 않습니다. 그저 존재의 우연한 표상일 따름이지요. 참된 모상, 즉 그리스어를 비롯한 언어들에서 '이콘'icon이라 불리게 된 성상은 자신이 표상하는 존재를 구현합니다. 성상은 자신을 보라고 요구하는 동시에 자신을 통해, 그 너머로 살아 있는 실재를 보라고 요구합니다. 역사 탐구로 인해 전통의 난처한 '진짜 이야기'가 낱낱이 밝혀진 마당에 우리가 전통을 어떻게 존중할 수 있겠느냐는 물음을 위의 구별법에 따라 살펴보면, 이 구별법이 조금 관념적이기는 하지만(어쨌거나 그리스 사상과 언어의 산물이니 말이지요), 성상과 유사하게 참된 전통의 특징을 식별해 낼 수 있고 이렇게 해서 우리는 참된 전통과 잘못 이해된 전통을 구별할 수 있습니다.

우상은 자신이 표상하는 존재를 구현했다고 주장하지만, 자기 너머의 존재가 아닌 우상 자체를 보게 한다고 이야기했지요. 말하자면 어떤 전통이 과거를 보존하고 반복하는 것 자체를 목표로 삼는다면 이는 우상이 됩니다. 이런 전통은 자신이 초월적 실재와 진리를 전부 붙잡아 과거에 압축해 두었다고 주장하면서, 자기 바깥에서는 아무런 진리도 찾을 수 없으니 자신의 권위에 맹목적으로 복종하라고 요구합니다.

루터와 종교개혁가들, 그리고 제퍼슨과 계몽주의자들은 (옳든 그르든) 중세의 사상에서 전통의 이런 모습을 발견했고, 이에 저항했습니다.

계몽주의는 이걸 증표로서의 전통 개념으로 대체했고, 전통은 순수하게 자의적인 표상이기에 그것이 표상하는 것을 구현하지 않는다고 주장하곤 했습니다. 제퍼슨과 계몽주의자들은 예루살렘이든 아테네든 그 어떤 특정 전통에도 의존하지 않고 그 자체로 타당한 보편적 진리와 가치를 내세우며 전통을 향한 우상 숭배에 도전했습니다. 이들은 저 보편적 진리와 가치를 획득한다면 우리는 더는 전통을 연마하고 전달할 필요가 없다고 주장했지요. 계몽주의자들에게 전통은 (신비주의의 역사에서 친숙한 은유를 빌려 말하자면) 창문에 닿기 위해서 올라갈 때는 필요하지만 보편적 진리라는 창을 연 뒤에는 더는 필요하지 않은 사다리와 같았습니다. 하지만 이런 입장은 전통이 더 끔찍한 무언가로 대체될 리는 없다고, 그리고 보편적 진리와 가치를 획득한 뒤 이를 유지하기 위해서는 전통이 필요하지 않다고 가정하는 것처럼 보입니다. 지난 200년의 역사를 돌이켜 보면 그렇게 보이지는 않는데 말이지요. 클리퍼드 기어츠Clifford Geertz가 말했듯 "정치 체계가 기존 전통의 지배에서 벗어나기 시작하는 바로 그 시점에 공식

이념이 처음으로 모습을 드러내고 위력을 발휘하곤" 한다는 사실을 우리는 기억해야 합니다.[18]

전통이 우상도, 증표도 아닌, 자신이 가리키는 진리와 같은 층위에 있다고 주장하지 않고, 자신을 통해, 자신을 넘어서 보편적 진리에 닿기 위해 상속인인 우리가 따라가야만 하는 길이 될 때 전통은 성상으로서 자격을 갖습니다. 보편적인 진리는 특정한 구현을 통해서만 사용할 수 있습니다. 우리 한 사람 한 사람이 특정한 부모를 통해서만 생명을 얻고 삶을 빚어갈 수 있듯 말이지요. 아테네와 예루살렘은 모두 인간의 도시입니다. 둘 중 무엇도 아우구스티누스와 (그에 앞서) 플라톤과 성서의 예언자들이 그린, "인간의 눈물로 얼룩지지 않은" 하느님의 도시civitas Dei는 아닙니다. 하지만 아테네와 예루살렘 전통의 영적 후손들은 끊임없이 이 전통들에 의지해야 합니다. 전통 안에 영원히 머물기 위해서가 아니라, 우리를 비롯해 그 어떤 세대든 이 전통들 안에서 하느님의 도시를 접하지 않으면 다른 곳(유대교의 쉐마나 정통 그리스도교의 니케아 신경에서 고백하듯이 하느님이 한 분이라면 이 도시는 분명 다른 곳에도 존재하기는 하겠지요)에서 이를 맞닥뜨리더라도

---

18 Clifford Geertz, *The Interpretation of Cultures: Selected Essays* (New York: Basic Books, 1973), 219. 『문화의 해석』(까치)

알아보지 못할 것이기 때문입니다. 하느님의 도시로 나아가기 위해서는 끊임없이, 계속해서 아테네와 예루살렘 전통을 돌아봐야 합니다. 성상으로서의 전통은 바로 이런 점에서 우상이나 증표로서의 전통과 구별됩니다. 이 과정에서 전통은 전통을 증표로 보는 이론가들의 요구에 따라 합당하게 보편적이되, 우상 숭배자들의 기대에 따라 적절한 수준으로 특수한 형식을 취해 자신의 정당성을 입증하지요. 이 전통은 보편이냐 특수냐라는 잘못된 양자택일을 거부합니다. 참된 성상이자 살아 있는 전통은 양자를 모두 포괄해야 함을 깨닫고 있지요.

역사로서의 전통을 위한 변론, 적어도 우리가 이어받은 전통의 역사를 위한 이런 변론은 전통의 붕괴 직후에 급조한 조잡한 변명이 아닙니다. 이건 전통의 가장 깊숙한 곳에 있는 요소들을 요약하고, 재서술하고, 회복하는 것에 가깝습니다. 모세, 소크라테스, 예수가 자신의 특별한 제자들에게 어떠한 의미가 있었든 간에, 전통의 역사에서 이들은 너무나 자주 서로 연결되었습니다. 그러므로, 이들을 대변하는 것으로 추정되는 전통에 대한 비판의 주요 원천이자 주된 영감 역시 이들에게서 찾을 수밖에 없습니다. 모세는 우상 숭배에 반대해 신성한 율법이 적힌 석판을 깨뜨렸습니다(출애

32:19 참조). 소크라테스는 "검토되지 않은 삶은 살 가치가 없"고, 검토되지 않은 전통은 따를 가치가 없다고 믿었기 때문에 전통의 적으로 몰려 처형당했습니다.[19] 예수는 하느님의 형상을 지닌 지상의 그 무엇도 살아 있는 하느님이라는 궁극적 실재를 대체할 수는 없다고 여겼기에(심지어는 예수 본인도 그럴 수는 없다고 생각했음을 기억해야 합니다) 십자가에 못 박혀 죽음을 맞이했습니다(마태 19:17 참조). 종교개혁의 복음주의evangelicalism, 계몽주의의 합리주의, 19세기 역사주의가 표명한 그 어떤 전통 비판도 그 신랄함과 강력함에서 이들을 따를 수는 없습니다. 이들은 전통의 가장 고귀한 산물이자, 가장 심오한 해석자였습니다. 이 같은 맥락에서 전통은 비판자들이 말하는 상당 부분을 받아들임으로써 자신을 옹호한다고 할 수 있습니다. 전통에 맞서는 가장 강력한 말은 사실 전통 내부에서 이미 오래전에 나온 말입니다.

전통 내부에 이러한 목소리들이 존재했고 힘을 얻었다는 사실은, 살아 있는 전통을 분별하는 또 하나의 표식이 무엇인지 알려 줍니다. 바로 정체성과 연속성을 유지하면서 발전할 수 있는 능력이지요. 모든 비교가 그렇듯이 지나친 일

---

19 Plato, *Apology*, 38a. 『소크라테스의 변명』(아카넷)

반화의 우려가 있지만, 이런 능력을 보여준다는 점에서 미국 헌법 전통과 유대-그리스도교 전통 사이의 유비는 심오하면서 정확합니다. 저는 저의 동료였던 예일대 법학 대학원의 알렉산더 비켈Alexander Bickel이 "교리의 발전"에 대해서 이야기하는 것을 듣고 처음 이 유비를 떠올렸습니다. "교리의 발전"이라는 말이 오늘날과 같은 의미를 된 것은 이전 강연에서 논의한 뉴먼의 『그리스도교 교리의 발전에 관한 논고』 덕분이라고 저는 확신합니다.

미국 헌법 전통과 유대-그리스도교 전통 모두 권위 있고 오늘날 기준으로는 꽤 오래된 문헌을 가지고 있습니다, 각 전통은 이 문헌을 바탕으로 '컨스티튜티드'constituted, 즉 구성되지요(여기서 '컨스티튜션'Constitution, 즉 헌법이라는 말이 나왔습니다). 각 전통의 공동체에 속하기 위해서는 이 전통을 구성하는 이 문헌에 충성해야 하고, 공직을 맡으려면 특별한 충성 서약을 해야 합니다. 이 문헌을 해석해 문헌에 명시되지 않은 뜻밖의 상황이나 요구에 대처해야 하는 사람들도 마찬가지지요. 대법원이나 산헤드린이나 교회 공의회에서 이 오래된 권위가 오늘날 어떤 의미를 지니는지를 결정할 때조차도 저 권위를 받아들여야 합니다. 1870년 7월 18일 제1차 바티칸 공의회에서는 교황의 무류성 교리를 공포하면서 의미심장하게도 교황이 "모든 그리스도교인의 목자이자 교사로서 직무를 수행하는 동안", 즉 경전과 전통 안에 담긴 신앙 유산의 대변인으로서 임무를 수행할 때 무류하다고 명시했습니다.[20] 이처럼 교회나 국가의 최고위 법관들은 문헌을 해석할 때 공동체와 그 전통의 역사 속에서 만들어진 판결들의 타당성을 인정합니다. 하지만 그렇다고 해서 "교리의 발전"이 불가능한 것은 아닙니다. 오히려 헌법 개정, 교리 정의 같은 절차보다 훨씬 더 복잡한, 깊이 있는 차원에서의 발전이 있어야 한다고, 변화를 인식하되 연속성을 지킬 수 있는 방법을 찾아야 한다고 여기지요.

물론 교리 발전의 올바른 방향은 무엇인지, 어느 정도 발전 속도가 적절한지, 어떠한 공식이 지금 여기에 적절한지는 논란이 끊이지 않을 것입니다. 이런 논란 덕분에 헌법학자들과 그리스도교 교리사 연구자들에게 일자리가 생기지요. 교리의 발전이 이어지고 이를 수용하는 능력 또한 확장되고 있다는 것은 그 전통이 생명력을 지니고 있음을 입증하는 증거라 할 수 있습니다. 이른바 역사적 상대주의는 오랜 시간 동안 축적되어 거스를 수 없는 변화와 다양한 의견만을 강조하

---

20   *Enchiridion Symbolorum, definitionum et declarationum de rebus fidei et morum* (Freiburg im Breisgau: Herder, 1963), 601. 『하인리히 덴칭거』(한국천주교중앙협의회)

고 전통의 연속성은 무시합니다. 완고한 구조주의는 교리의 발전은 실상 일어나지 않았으며 불변하고 바꿀 수도 없는 권위를 표면상 이루어지는 변화에 적용하는 것에 불과하다고 봅니다. 미합중국, 유대인 공동체, 그리스도교회에는 언제나 이 두 가지 입장의 지지자들이 있었고, 지금도 마찬가지지요. 하지만 지혜가 축적되면서 이 공동체들은, 교리의 발전이 실제로 이루어지되 전통이 정의하는 정체성, 시간이 흐르며 다시금 정의하는 정체성이라는 한계 안에서 이루어진다는 사실을 인정하기 시작했습니다(전통에 대한 비판적 역사 연구가 이를 인정하지 않을 수 없게 만들었지요). 모든 성장이 그러하듯 발전은 건강한 것일 수도 있고 건강하지 않은 것일 수도 있습니다. 이 두 가지 성장을 분별하려면 전통의 병리에 대한 지속적인 연구가 필요합니다. 건강한 전통의 발전은 전통이 암병동이나 화석 박물관에 갇히지 않게 해 줍니다.

궁극적으로 전통은 개인으로서, 그리고 공동체의 구성원으로서 우리 한 사람 한 사람이 지닌 가장 심오한 직관과 가장 높은 열망에 얼마나 부합하느냐에 따라 그 가치가 입증될 것입니다(제가 지금까지 이야기한 게 옳다면 이 직관과 열망은 모두 전통에 들어 있습니다). 이러한 직관과 열망은 우리의 다사다난한 경험으로 인해 갈라진 것처럼 보이는 것들, 즉 타락한 세계를 바라보는 현실주의와 달라질 세계를 향한 희망, 사적 진실함과 공적 의무, 공동체를 향한 열망과 개인의 성취를 향한 갈망, 파스칼의 표현을 빌리면 우리 인류의 "위대함과 비참함"을 아우를 방법이 분명히 있음을 보여줍니다.[21]

진지하되 딱딱하지 않고, 재치 있으면서도 우스워 보이지 않는 법을 알았던 20세기 초 한 영국인 작가는 이런 직관과 열망이 하나로 모이는 경험을 쓴 적이 있습니다.

그러고 나서 형언할 수 없는 경험이 뒤따랐다. 나는 날 때부터 줄곧 다루기 힘들었던 거대한 두 기계, 즉 세계와 … 전통을 더듬거리고 있는 것 같았다. … 이 두 기계가 연달아 하나로 합쳐지자, 모든 부분이 오싹하리만치 맞아떨어졌다. 기계 곳곳에 있는 나사들이 딸각하는 소리와 함께 연달아 제자리를 찾는 소리가 들렸다. 시계의 모든 부품이 맞물려 정확히 정오를 알리듯, 다른 모든 부분이 정확하게 들어맞았다. 이 교리가 이 본능에, 저 교리가 저 본능에 응답했다. 다르게 비유해 보자면, 나는 고지의 요새를 점령하기 위해 적국에 침투한 사람 같았다. 이 요새가 함락되자 온 나라

---

21   Blaise Pascal, *Pensées*, 6.397. 『팡세』(IVP)

가 항복해서 내 뒤에 굳건히 서 있었다. 온 땅이, 마치 어린 시절 처음 본 들판처럼 밝아졌다.[22]

그는 전통을 옹호했기에, 그의 표현을 빌리면 "시간을 거슬러 확장된 민주정 … 죽은 이들의 민주정"을 옹호했기에 이러한 경험을 할 수 있었습니다.[23] 전통을 옹호한다는 것은 제퍼슨과 루터가 거부한 전통부터 이들을 낳은 전통, 마침내 이들 역시 명예로운 자리를 차지하게 된 전통 모두를 받아들인다는 것을 의미합니다. 그러한 면에서는, 지금 우리가 공유하고 있는 한 전통의 창시자인 토머스 제퍼슨의 이름을 딴 이 강연에서 "죽은 이들의 민주정"으로서의 전통, 공간과 "시간을 거슬러 확장된 민주정"으로서의 전통을 긍정하고 기리는 것이 그리 이상한 일만은 아닐 것입니다.

---

22   Gilbert Keith Chesterton, *Orthodoxy*, 79. 『G.K.체스터턴의 정통』(아바서원)

23   위의 책, 47~48.

IV

유산으로서의 전통
– 옹호

전통은 죽은 이들의 살아 있는 신앙이고, 전통주의는 살아 있는 이들의 죽은 신앙입니다. 전통이 오명을 쓰게 된 것은 전통주의 탓이지요.[1] 정치 분야에서든 종교 분야에서든 아니면 문학에서든, 모든 시대의 개혁자들은 죽은 이들의 전제정치에 항거했고 이 과정에서 전통을 대신할 혁신과 통찰을 요청했습니다. 랄프 왈도 에머슨Ralph Waldo Emerson은 1836년에 출간된 자신의 첫 책 『자연』Nature에서 이들의 항거와 요청을 하나의 물음으로 집약했습니다.

---

1 Jaroslav Pelikan, *The Christian Tradition*, 1:9.

전통을 따르는 시와 철학 말고 통찰을 따르는 시와 철학을
가지면 안 될 이유가 무엇인가?[2]

젊은 시절 에머슨에게 "통찰"insight이란 인간의 영혼에 이미
존재하는, 언제나 존재하는 내적 지혜를 가리켰습니다. 교
회든 국가든 그 어떤 압제자도 이 지혜에 과거라는 권위주의
장막을 씌워서는 안 된다고 그는 생각했습니다. 이 "통찰에
따른 시와 철학"의 해설자는 전통으로부터 받은 지혜의 전
달자가 아니라 (떠들썩한 반응을 끌어낸 1838년 7월 15일 신학 대학
연설에서 나온 말을 빌리자면) "갓 태어난 성령의 시인"으로서 사
람들이 "살아 있는 이들의 죽은 신앙"(저는 전통주의를 이렇게 정
의하지만, 에머슨은 전통을 이렇게 정의했습니다)으로부터 벗어나
라고 요구했습니다.[3]

'미국의 학자'The American Scholar라는 제목으로도 불리며, 올
리버 웬델 홈스Oliver Wendell Homes가 "미국의 지적 독립 선언"
이라 극찬한 1837년 8월 31일 파이 베타 카파 연설에서 에머
슨은 신대륙 사상가와 학자들에게 영적·지적 식민주의의

---

2 Ralph Waldo Emerson, 'Nature', *The Complete Essays and Other Writings of Ralph Waldo Emerson* (New York: Modern Library, 1940), 3. 『자연』(은행나무)

3 Ralph Waldo Emerson, 'An Address', *The Complete Essays*, 81.

마지막 자취까지도 모두 벗어던지라고, 그렇게 해서 자기만의 진짜 목소리를 찾으라고 요구했습니다.[4] 결국, 이야기는 같습니다.

전통을 따르는 시와 철학 말고 통찰을 따르는 시와 철학을 가지면 안 될 이유가 무엇인가?

전통이 통찰에, 특히 "시와 철학"과 (에머슨이 보기에는 시, 철학과 불가분의 관계에 있는) 종교에 거대한 영향을 끼쳤다는 증거는 충분히 많으며, 오늘날에도 그렇습니다. 돌이켜 보면, 많은 사람이 기나긴 겨울을 거쳐 혁신과 창조성이 활짝 핀 시기로 여기던 때에 혁신을 이끌던 사람들은 자신들이 전통을 벗어났다고 생각했지만, 실제로는 더 오랜 전통에 의지하는 경우가 많았습니다. 야코프 부르크하르트는 인문주의자들이 토마스 아퀴나스를 비롯한 스콜라 철학자들의 야만적인 라틴어투를 버리기 위해 어떤 노력을 기울였는지 서술합니다.

---

4 Ralph Waldo Emerson, 'Phi Beta Kappa Address', *The Complete Essays*, 45~63.

마침내 위안이 될 만한 결론에 도달했으니, 우리가 찾을
수 있는 완벽한 모범은 키케로Cicero뿐이다. … 롱골리우스
Longolius는 벰보Bembo의 조언을 받아들여 5년 동안 키케로만
읽기로 결심했고, 마침내 키케로가 사용하지 않은 단어는
그 무엇도 사용하지 않겠다고 서약했다.[5]

앤드루 딕슨 화이트Andrew Dickson White가 이야기한 "과학과
신학의 싸움"의 가장 유명한 예를 꼽자면 로마 가톨릭의 경
우에는 갈릴레오Galileo와의 대립을, 개신교의 경우에는 다윈
Darwin과의 대립을 들 수 있겠지요.[6] 이런 싸움에 임한 신학
자들은 기존의 신앙 전통을 옹호하기 위해서 과학의 혁신을
거부하곤 했습니다. 하지만 이러한 일들이 일어날 때마다 드
러나는 아이러니가 있습니다. 새로운 가설에 맞서 싸울 때,
이들은 그 가설이 대체하는 그 이전의 가설과도 전통을 내세
워 논쟁을 벌이고 배척했으며, 막상 새로운 가설과 싸울 때
는 (격렬하게 싸웠던) 이전 가설과 화해를 한다는 것입니다. 마
찬가지로, 신학자들은 '건전한 교리'라는 명분을 내세우면서

---

5   Jacob Burckhardt, *Civilization of the Renaissance*, 1:257.

6   Andrew Dickson White, *A History of the Warfare of Science with Theology in Christendom* (New York: D. Appleton and Company, 1896)

철학적 사변이 건전한 교리를 위험에 빠뜨린다고 끊임없이 경고하지만, 이 '건전한 교리' 역시 철학적 사변의 산물이고 다른 여러 철학의 요소들을 포함하고 있습니다. 그리고 철학자들 또한 교회의 교리 같은 것 없이도 교회의 교리주의에 필적하는 비타협적 태도를 보이곤 하지요. 19세기 덴마크의 헤겔주의자들은 확고한 헤겔 전통의 대변자를 자임하며 쇠얀 키에르케고어라는 신예 철학자를 파문했습니다. 인간과 관련된 모든 영역에서 과감한 시도를 해 짙은 흔적을 남긴 이들의 전기를 조금만 읽어 보더라도 (에머슨이 이야기한) "전통에 따른 시와 철학"과 "통찰에 따른 시와 철학"이 대립한 사례는 손쉽게 찾아낼 수 있습니다.

사상과 예술 분야에서 인간의 창조성이 어떻게 발휘되었는지를 다룬 역사서를 들여다보면, 전통의 무익함에 관한 온갖 끔찍한 이야기들이 등장합니다. 그리고 오늘날 사람들은 그리스도교 교리의 역사는 다른 모든 역사를 합친 것보다 훨씬 더 끔찍한 이야기들, 전통이 창조성을 억압한 무수한 이야기들을 담고 있다고 여기지요. 그래서인지, 세 번째 강연에서 말했듯 어떤 그리스도교 교리 연구자들은 종종 전통의 권위에 맞서는 전투의 선봉에 서곤 했습니다. 이런 방식으로 교리를 연구한 이들은 우선 인문학의 다른 분야와 동일한 기준, 연구 방법을 신경과 교리, 성서에 적용해 자신의 기획을 정당화했습니다. 이는 어떤 면에서 이미 자신의 방향을 택하고 진행한 것이라 할 수 있습니다. 그리스도교 교리, 더 나아가 전통과 관련된 무수한 논쟁의 핵심은 그리스도교 전통의 역사가 인문학의 일부인지 아닌지, 초기 그리스·라틴 문헌을 다루는 방식과 같은 방식으로 교리와 성서를 둘러싼 성스러운 전통을 다루는 것이 정당하냐는 것이었기 때문입니다.

동방 정교회나 로마 가톨릭 교회의 경우, 그리스도교 신학이라는 사상 체계 안에서 교리를 서술할 때는 서론prolegomena에서 전통이 무엇인지를 반드시 다루어야 했습니다.[7] 이를 고려한 채 전통에 맞서 교리를 연구한 이들의 말대로 우리가 사상사 일반을 연구하듯 교리사를 연구할 수 있고 또 그렇게 해야 한다는 가정이 옳다면, 즉 교리사Dogmengeschichte가 정신사Geistesgeschichte의 일부라면(저도 이 가정을 바탕으로 평생 연구하고 가르쳐 왔습니다), (저들의 생각과는 달리) 그 역도 성립한다고 할 수 있습니다. 교리에서 전통 개념의 역사를 연구하면 전통 개념 자체에 관한 통찰을 얻을 수 있다고 말이지요.

---

7 Etienne Ménard, *La Tradition: Révélation, Ecriture, Eglise selon Saint Thomas d'Aquin* (Paris: Desclée de Brouwer, 1964) 특히 아퀴나스가 '트라데레'tradere라는 단어와 그 파생어를 어떻게 다루었는지에 대해서는 13~46쪽을 참조하십시오.

앞서 미국 헌법 전통과 유대-그리스도교 전통을 견주어 이야기했듯이, 전통은 판례라는 이름을 달고 법학의 역사에서도 유사한 역할을 담당했습니다. 역사에서 법학과 신학은 긴밀하게 협력하면서 전통 개념을 다루었고, 중세 사상에서 특히 두드러집니다. 동질적이라고 간주되던 가르침들 내부에 있는 모순이 무시할 수 없을 정도로 뚜렷해지자, 샤르트르 주교 이보Ivo of Chartres 같은 중세 학자들은 법학 전통과 신학 전통의 권위를 명확하게 제시하는 작업을 수행했지요. 그리고 시민법과 교회법 내부의 모순에 대처하는 기술은 그리스도교 신학과 윤리학에서 하나의 문제에 대해 '예'와 '아니오'를 나란히 놓고 다루는 변증법적 방법이 발전하는 데 영향을 미쳤습니다(『예 그리고 아니오』Sic et Non은 이 주제에 관한 피에르 아벨라르Peter Abelard의 유명한 책 제목이기도 합니다). 하지만 (혹은 그렇기에) 학자들은 여러 전통 사이에는 유사성만큼이나 차이가 있음을 알고 있었습니다. 아벨라르와 뒤이은 사상가들이 깨달았듯 교회법보다는 시민법이 비판적·역사적 방식으로 다루기 쉬웠고, 교리보다는 교회법이 변증법을 적용하기에 덜 위험했지요.[8]

---

8   Jaroslav Pelikan, *The Christian Tradition*, 3:216~229.

분명 교회 교리의 역사를 살펴면 전통이 통찰을 억압한 사례를 풍부하게 찾을 수 있고 그중 몇몇은 엄청나게 극적이지만, 오늘날 전통과 창조성이 가장 극적으로 대립하는 모습을 찾을 수 있는 분야는 아무래도 예술 분야일 것입니다.

오늘날 미국에는 발레가 확고하게 자리를 잡았고, 여러 측면에서 사람들은 이를 '전통적인' 예술로 여깁니다. 그래서 젊은 세대는 이고르 스트라빈스키Igor Stravinsky의 작품이 '전통적인 발레'에 가한 충격이 얼마나 컸는지를 모르고 있을지도 모르겠습니다. 니진스키Nijinsky를 몹시 사랑했던 니진스키 부인이 남긴 기록, 세르게이 파블로비치 댜길레프Sergei Pavlovich Diaghilev에 관한 전기, 그리고 무엇보다도 1913년 5월 29일 《봄의 제전》The Rite of Spring 초연에 관한 여러 문서 가운데 장황하지만 기쁨에 찬 스트라빈스키 본인의 회상을 읽어 보면, 혁신과 전통의 전형적인 대결을 극장 박스석에서 관람하는 느낌이 들지요.[9] 《봄의 제전》 초연을 하고 몇 년 뒤 스트라빈스키는 회고했습니다.

이상하게 들리겠지만 … 나는 그런 폭발적 분노를 전혀 예

---

9 Romola Nijinsky, *Nijinsky* (New York: Simon and Schuster, 1934), 201~205.

상하지 못했다. … 공연이 시작되자마자 음악에 대한 가벼운 불평이 들려왔다. 그 뒤에, 막이 열리고 머리를 길게 땋은 소녀들이 이리저리 폴짝거리기 시작하자('젊은 여자들의 춤'Danse des adolescents) 소란이 일어났다. … 소란은 계속되었고, 나는 격분해서 자리를 떠났다. 오케스트라 가까운 곳 우측에 앉아 있다가 문을 쾅 닫은 기억이 난다. 이후 그만큼 화가 났던 적은 없다. 나에게는 그 음악이 너무나 친숙했다. 나는 그 음악을 아주 좋아했고, 전부 들어 보지도 않은 사람들이 불평부터 하는 이유를 알 수가 없었다. 나는 분노에 차서 무대 뒤로 갔고, 댜길레프가 공연장의 소동을 진정시키기 위해 객석 조명을 만지작거리는 모습을 보았다. 남은 공연 시간 동안 나는 니진스키 뒤에서 그의 프록코트 끝부분을 잡고 있었고, 그는 의자 위에 서서 조정 경기의 키잡이처럼 무용수들에게 러시아어로 숫자를 외쳐댔다.[10]

《봄의 제전》이 품고 있는 순전한 날것의 생명력은 결코 사라지지 않을 것이라고 저는 확신합니다. 하지만 파리의 저 5월밤 소요가 발생한 이유는 그 생명력 때문이기보다는 이 작품

---

10 Igor Stravinsky and Robert Craft, *Expositions and Developments* (Berkeley and Los Angeles: University of California Press, 1981), 142~143.

이 기존 음악 전통에 도전했다는 점 때문이겠지요. 그날의 관객들도 르네상스 이후 음악사에서 양식이 줄곧 변화해 왔다는 사실 정도는 당연히 알고 있었을 것입니다. 그러나 그간의 변화가 사람들에게 자연스러운 진화였다면, 이날의 변화는 혁명처럼 다가왔겠지요. 진화를 일종의 연속선으로 본다면 전통은 이 과정의 가장 최근 단계를 포함해 이 단계에 이르기까지의 모든 단계를 의미할 수 있으니, 새로운 단계를 사람들이 반드시 환영하지는 않더라도 위협으로 여길 이유는 없습니다. 나이 든 세대가 젊은 세대를 대하듯 말이지요. 새로운 세대의 작곡가들이 전통을 모신 성소에서 한 줌의 향을 피워 올리기만 하면, 새로운 영역으로 나아갈 때 안전을 완전히 보장받지는 못한다 해도 꽤 높은 확률로 위험을 피할 수 있을 겁니다. 그렇지만, 전통은 자신을 따르지 않더라도 자신을 알 것을 요구합니다. 앞에서 인용한 에머슨의 물음에서 엿볼 수 있듯, 정신, 혹은 영혼과 관련된 삶을 다룰 때 우리는 통찰과 전통이라는 이분법을 자주 택하고, 이를 보편원리로 일반화하려는 유혹에 손쉽게 빠집니다. 강연의 균형을 맞추기 위해 잠시 뒤에 길게 이야기하겠지만, 역사를 볼 때 이런 이분법의 틀로 바라보려는 유혹은 위험합니다. 물론 이런 틀로 보려는 모습이 지적 활동, 예술 활동, 그리고 무엇보다 종교 활동에 이르는 광범위한 영역에서 빈번하게, 자주 발생한다는 사실은, 여기에 어느 정도 타당한 어떤 요소가 있음을 암시하지만 말이지요.

그리스도교 전통의 최고 권위자 중 한 명은 이렇게 말했습니다.

> 문자는 사람을 죽이고, 영은 사람을 살립니다. (2고린 3:6)

하지만 3세기의 오리게네스Origen와 5세기의 아우구스티누스, 13세기의 토마스 아퀴나스, 16세기의 마르틴 루터에 이르기까지 문자와 영의 차이를 설명한 가장 심오한 사상가들은, 정도의 차이는 있었지만, 바울의 이 말이 오로지 영에 집중하기 위해 문자를 버려야 한다는 뜻은 아니라는 데 모두 동의했습니다. 오히려 해석자는 문자에서 출발하되 문자에 그쳐서는 안 된다는 뜻으로 보았지요. 예를 들어 『창세기 문자적 해석』De Genesi ad literam을 쓸 때 아우구스티누스는 (히브리어를 몰랐고 그리스어도 능숙하지 못했지만) 자신의 한계 안에서 본문의 문자적 의미를 최대한 규명하려 애썼습니다. 하지만 창세기 창조 이야기(혹은 이야기들)를 문자 그대로 해석한다고 해서 하느님이 24시간으로 이루어진 하루라는 의미에서 6일

동안 세계를 만들었다고 보지는 않았습니다. 대신 그는 창조가 즉각적으로 이루어졌다고 주장했지요.[11] 토마스 아퀴나스는 창세기에서 이야기하는 "날"이 '하루'와 같다고 생각했지만, 그렇다고 해서 아우구스티누스를 이단으로 여기지는 않았습니다.[12]

19세기 및 20세기에 일어난 논쟁과 관련지어 생각해 본다면, 서방 라틴 전통에서 가장 커다란 영향력을 발휘해 온 이 성서 해석자는 '문자주의' 태도를 취하지 않으면서도 문자에 충실할 수 있음을 보여주었다고 할 수 있습니다. 이 장 첫머리에서 제가 제시한 표현을 빌리면, 죽은 이들의 살아 있는 신앙인 전통과 살아 있는 이들의 죽은 신앙인 전통주의의 차이는 바로 이런 태도의 차이에서 나왔다고도 할 수 있겠지요. 물론 문자에 충실한 태도와 문자주의의 차이를 알면서도 아우구스티누스가 이를 일관되게 적용하지는 못했습니다. 이를테면 그는 "아담으로 인해 모든 사람이 죄를 지었다"라는 불가타의 구절이 원죄 교리를 입증하는 증거 본문이라고 이야기했지요.[13] 그의 후계자들은 더욱이나 이러한 차이를

---

11 Augustine, *City of God*, 11.9. 『신국론』(분도출판사)

12 Thomas Aquinas, *Summa Theologica*, 1.74.2. 『신학대전』(바오로딸)

13 로마인들에게 보낸 편지 5장 12절의 번역과 해석에 관해서는 다음을

식별해 내지 못하곤 했습니다.

그리스도교 전통의 역사는 전통에 대한 비판적 재검토의 역사이고, 이는 전통 자체의 내적 역학이기보다는, 전통 안에서 검토하지 않은 전제에 의문을 제기한 외부자들이 추동한 것입니다. 동일한 성서를 다른 안경을 가지고 들여다본 (앞에서 교회의 할머니라고 불렀던) 예루살렘의 상속자들, 인간에게 그리스도교 전통을 준 하느님은 또한 당신의 형상을 따라 인간의 정신을 창조하신 분이기도 하기에 신앙의 대상인 동시에 사유의 대상이기도 하다는 점을 그리스도교 전통의 관리인들에게 상기시켰던 (또 다른 교회의 할머니인) 아테네의 상속자들, 그리스도교가 전하는 복음 역시 역사적으로 탐구해야 한다는 주장을 문자 그대로 받아들인, 따라서 전통을 시간의 흐름에 따른 변화라는 관점으로 연구해 온, "만삭되지 못하여 난 자 같은" 비판적 역사가들이 바로 그 외부자들이라 할 수 있겠지요. 그러나 이 외부자들은, 꽤 자주, 어떤 의미에서는, 동시에 내부자이기도 했습니다. 이러한 면에서는 (내부자였다가 외부자가 되었다고도 할 수 있을 에머슨의 말을 다시 빌리면) 전통과 통찰 사이의 갈등을 인식하는 것 자체가 전통의

참조할 수 있습니다. Jaroslav Pelikan, *Historical Theology*, 136~137.

불가결한 요소라 할 수도 있습니다. 전통에 방부 처리를 해서 보존하고 싶어 하는 전통주의와 전통은 동일시될 수 없습니다.

여기까지만 이야기하면 전통이 통찰과의 관계 속에서 어떤 성질을 지니고, 어떤 역할을 하는지를 충분히 다루었다고 할 수 없을 것입니다. 역사를 들여다보면 많은 경우 통찰은 전통에서 얻은 재료를 나열하고 재배치하면서 생겨났습니다. 40년 전 '플로릴레기움'florilegium(꽃다발이라는 뜻의 라틴어)이라는 비잔티움 문학 장르의 문헌을 처음으로 공부했던 때가 기억나네요. 이 문헌의 제목은 『말씀의 성육신에 관한 교부들의 가르침』Doctrina patrum de incarnatione Verbi이었는데, 동방에서 나온 그리스어 문헌을 서방에서 받아들인 다음 라틴어 제목을 붙인 것이었지요. 대다수 플로릴레기움 문헌과 달리 이 작품은 로마 가톨릭 교부학자 프란츠 디캄프Franz Diekamp*

---

* 프란츠 디캄프(1864~1943)는 로마 가톨릭 사제이자 신학자다. 뮌스터 왕립 아카데미(오늘날 뮌스터 대학교)에서 공부하고 1887년 사제 서품을 받은 뒤 1895년 박사 학위를 받았다. 이후 1933년까지 뮌스터 대학교에서 교의학 및 교리사 교수로 활동했다. 학술지 「신학 논평」Theological Revue을 창간하고 편집자로도 활동했으며 니사의 그레고리우스에 관한 연구, 오리게네스 논쟁과 관련해 중요한 연구물을 남겼다. 대표 저서인 『가톨릭 교의학』Katholische Dogmatik은 독일 토미즘의

가 1907년에 펴낸 현대적 판본으로 접할 수 있었습니다.[14]

19세기 학문 전통의 후예로서 저는 의례상 표준 신앙 공식들을 반복한 내용 말고 저자의 '진짜 입장'을 발견하기 위해 인용문들은 대강 보아 넘기고 저자의 고유한 표현을 찾으려 애썼습니다. 하지만 끝까지 읽을 때까지 별 소득이 없었지요. 저자의 고유한 표현 같은 것은 거의 없었고, 따라서 저자의 '진짜 입장' 같은 것도 없는 듯했습니다. 이 작품은 다양한 자료(편집자 디캄프는 이 자료들이 무엇인지 모두 추적해 밝혀 두었습니다)에서 뽑은 단락들을 무작위로 배열한 것처럼 보였습니다. 저에게 익숙한 그리스·라틴 문헌 해석 방식으로는 이 장르의 문헌을 만족스럽게 다룰 수 없었습니다. 제가 다른 방식을 익히게 된 것은 이로부터 상당한 시간이 지난 후였지요.

제가 정식 교육을 마치고 한참 뒤 스승이 되어 주신 러시아와 체코의 여러 비잔티움 연구자, 특히 게오르기 플로롭스키Georges V. Florovsky** 덕분에 플로릴레기움은 의식적으로 '독

관점으로 쓰인 교의학의 걸작으로 평가받으며 현재까지 13판이 나왔다.

14 Jaroslav Pelikan, *The Christian Tradition*, 2:75~90.

** 게오르기 플로롭스키(1893~1979)는 러시아 출신 정교회 사제이자 신학자, 역사가다. 당시 러시아 제국(오늘날에는 우크라이나) 오데사에서

창적'이기를 거부하는 장르라는 점, 이 장르의 독창성과 창조성은 표준 공식들을 반복하는 데 있고 이런 반복을 빼놓고는 성립할 수 없다는 점을 배웠습니다.[15] 따라서 플로릴레기움을 연구하려면 이 장르에 속한 문헌 여러 개를 나란히 놓고 비교하면서, 앞선 자료의 구절 중 둘 이상의 문헌에 나타나는 구절은 무엇인지 밝히고, 이 인용문들이 정확하지는 않아도 똑같이 인용되었는지 대조하고, 하나의 문헌에만 나타나는 구절은 무엇인지 밝히고, 마지막으로 배열의 순서를 검토하고 이해하려고 노력해야 합니다.

정교회 사제의 자식으로 태어나 노보로시스크 대학교에서 역사를 공부하고 프라하에서 석사 학위를 받은 뒤 1925년 파리에 있는 성 세르기오스 신학교에서 윤리학을 가르쳤다. 1932년에는 정교회 사제로 서품받았으며 1949년에는 미국으로 이주해 성 블라디미르 신학교의 교수가 되었고 후에는 학장으로 활동했다. 정교회 신학자로서 권위를 인정받아 블라디미르 신학교 외에도 유니온 신학교, 컬럼비아 대학교, 하버드 대학교, 프린스턴 대학교에서 정교회 신학과 교부학을 가르쳤으며 정교회 사제로서 교회일치운동과 사목 활동에도 힘썼다. 전문적인 신학 교육을 받지 않았음에도 불구하고 교부 연구와 정교회 신학 연구에 탁월한 업적을 남긴 이로 평가받는다. 주요 저서로 『교회의 보편성』The Catholicity of the Church, 『교회와 전통에 관하여』On Church and Tradition, 『경전과 전통』Scripture and Tradition 등이 있으며 한국에는 『러시아 신학의 여정 1,2』(지식을 만드는 지식)이 소개된 바 있다.

15 Georges V. Florovsky, 'The Function of Tradition in the Ancient Church', *Bible, Church, Tradition: An Eastern Orthodox View* (Belmont, Mass.: Nordland, 1972), 73~92. 그리고 다음을 참조하십시오. Yves-Noël Lelouvier, *Perspectives russes sur l'église* (Paris: Editions du Centurion, 1968), 107~20.

어떤 면에서 플로릴레기움은 유괴범이 보낸 편지와 비슷해 보입니다. 유괴범이 각각의 단어와 글자를 어느 신문에서 잘라냈는지 식별해 낸다면 그 편지가 만들어진 날짜나 유괴범의 행방이나 습관 등을 추리할 수 있겠지만, 원자료가 어느 신문이었든 편지의 의미를 알려면 결국 단어의 배열에 주목해야 하기 때문이지요. 제가 『말씀의 성육신에 관한 교부들의 가르침』의 의미를 읽어 내지 못한 것은 전통과 창조성의 관계를 잘못 이해하고 있었기 때문입니다. 당시 저는 전통이 중단된 곳(혹은 전통과 달리 보이는 곳)에서 창조성이 출발한다고 믿었습니다. 유괴범의 편지보다 좀 더 고상한 (그리고 좀 더 비잔티움풍인) 비유를 들어 보자면, 플로릴레기움은 일종의 모자이크이고, 그 타일 조각들은 모두 다른 곳에서 왔습니다. 타일 조각을 너무 가까이서 들여다보거나 타일과 타일 사이의 공간만 들여다보면 전체 그림을 볼 수 없습니다. 전체 그림의 특징은 타일과 타일의 관계, 모자이크와 다른 모자이크의 관계 안에서 드러나지요.

물론 비잔티움에서도 플로릴레기움이 전통을 표현하는 유일한 방식은 아니었습니다. 과거의 학자들과 사상가들을 보다 교묘하게 '창조적으로' 제시하는 방법의 하나는 교부들과 교회 공의회의 문헌에서 나온 익숙한 문구들을 상술하다가, 이와 논리적으로 이어지는 동시에 현안과도 연관되는 서술을 (문장으로서 완결성을 지닐 수 있게끔) 끼워 넣는 것이었습니다. 어떤 저자들은 이렇게 끼워 넣은 구절이 원전의 일부인 것처럼 시치미를 뗐습니다. 덕망 있고 저명한 인물들이라고 예외는 아니었지요. 물론 비잔티움이나 중세 서구의 저자들은 우리가 가진 것보다 더 온전한 자료를 접할 기회가 많았으니 오늘날 연구자가 성급하게 "위조다!" 하고 외쳐서는 안 됩니다. 중요한 건 오늘날 연구자들이 이런 위조를 식별해 내는 데에는 아주 능숙하고 실제로 많은 성공을 거둔 반면, 전승으로 내려오는 지혜를 확장하며 재서술하는 방식, 과거의 사람들이 전통을 자신들의 문제와 연관 지어 다루는 방식을 이해하는 데는 섬세하지 못한 경우가 많다는 것입니다. 동방 교회의 문헌을 대표적인 예로 들기는 했지만, 그리스·라틴 저자들의 저서들도 사정이 별반 다르지는 않습니다.[16]

이렇게 전통을 다루는 방법의 핵심은 원자료가 말하지 않았지만 전제하는 것, 명시하지 않았지만 암시하는 것을 분별해 내는 데 있습니다. 전제하는 것과 암시하는 것을 발견하기 위해서는 그때 그 사람들이 그러했듯 권위 있는 진술들을

---

16 Jaroslav Pelikan, *The Christian Tradition*, 2:70~75.

상세히 살피고, 끝없이 입으로 되뇌어야 합니다. 그러한 가운데 원자료가 말하지 않은, 무언의 의미가 드러납니다. 언젠가 알프레드 노스 화이트헤드Alfred North Whitehead는 『과학과 근대 세계』Science and the Modern World에서 이런 이야기를 한 적이 있습니다.

> 한 시대의 철학을 비판할 때(혹은 해석할 때) 그 철학의 대표자들이 명백히 옹호해야겠다고 생각했던 그들의 지적인 입장에만 지나치게 주의를 집중해서는 안 된다. 거기에는 그 시대에 속한 다양한 학설의 지지자들 모두가 무의식적으로 상정한 근본 전제들이 있다. 이 전제들은 그들에게 너무나 분명해서 그들은 자신들이 전제하고 있는 것이 무엇인지조차 모른다. 그들에게 현실을 이해하는 다른 길은 존재하지 않기 때문이다. 이러한 전제 위에서 철학 체계의 몇 가지 유형이 성립되며, 이러한 체계들이 그 시대의 철학을 형성한다.[17]

비잔티움과 중세 서구에서 벌어진 전통에 관한 논쟁은 전통

---

17 Alfred North Whitehead, *Science and the Modern World* (New York: New American Library, 1948), 49~50. 『과학과 근대세계』(서광사)

을 이루는 문헌들의 "근본 전제들"이 무엇인지, 이 문헌들이 다루지 않았던 질문들을 다루기 위해 필요한 자원을 찾는 계기가 되었습니다. 많은 근대 해석자는 이러한 방식을 업신여기는 태도를 보이곤 했습니다. 아마도 분명하게 드러나는 '이해'를 선호했기 때문이겠지요. 하지만 이렇게 되면, 지성사의 대부분 기간 사람들이 재서술과 암송을 통해 '이해'를 도출했다는 사실, (에머슨의 이율배반을 다시 끄집어내자면) 통찰은 전통이라는 수단을 통해 나왔다는 사실을 간과하게 됩니다.

전통의 공식들을 재서술하고 암송하여 전통에서 전제와 함의를 끌어내는 방법은 훨씬 더 심오하면서 그만큼 위태로운 기술과도 관련이 있습니다. 바로 전통의 공식들을 새로운 상황에 창조적으로 재적용하는 것입니다. 여기에는 이 공식들에 전제와 함의가 있을 뿐 아니라 이 공식들이 보편 원리의 구체적 사례라는 생각이 담겨 있지요. 헌법들을 주의 깊게 탐구하는 연구자들은 대법원의 일부 판결들을 바로 이런 기술의 산물로 봅니다. 틀림없이, 미국 헌법을 기초한 사람들은 몇 가지 근본 전제를 품고 있었지만, 이 전제들을 헌법에 모두 명시하지는 않습니다. 하지만 오늘날 우리는 이 전제를 설명할 수 있고, 또 그렇게 해야만 합니다. 물론 헌법을 기초한 이들이 헌법에 명시한 내용 역시 확장과 추정을 거쳐 (그들은 예측하지 못한) 현대 기술, 혹은 현대 사회가 만들어 낸 상황에 적용할 수 있겠지요. 중요한 건 이들이 알았고, 어딘가에 명시한 전제들과 이들이 알지 못했고, 어디에도 명시하지 않은 함의들 너머에는 개인과 사회의 관계, 필연성과 자유 의지의 관계, 분배 정의와 응보 정의의 관계에 관한 보편 원리들이 있다는 것입니다. 이 원리를 찾기 위해 반드시 토머스 제퍼슨의 저작들이나 연방주의자들의 논집이나 대륙 회의의 논쟁을 들추어 보아야만 하는 것은 아닙니다. 오히려 연구자들과 법학자들은 존 로크John Locke, 아리스토텔레스, 심지어는 로베르토 벨라르미노Robert Bellarmine* 같은 사람들에게서 새로운 세계의 지침이 될 일반 원리들을 찾으려 하지요.

그리스도교와 관련해, 이렇게 전통 속 일반 원리를 찾는

---

* 로베르토 벨라르미노(1542~1621)는 이탈리아 출신 로마 가톨릭 사제이자 신학자다. 1560년 예수회에 입회했고, 루뱅 대학교에서 공부를 하며 사제 서품을 받았다. 이후 이냐시오 로욜라가 설립한 로마 대학교에서 신학을 가르쳤다. 로마 대학교 총장, 종교 재판관으로 활동했다. 조르다노 브루노 재판, 루터파와의 논쟁, 갈릴레오 논쟁 등 세계사에 짙은 흔적을 남긴 사건과 관련이 있었으며 교황의 세속권과 평신도의 역할에 관한 논의로도 널리 알려져 있다. 1930년 시성되었으며 1931년 교회학자로 공표되었다.

활동은 그리스도교 전통의 주창자들과 교부들이 말한 내용에서 플라톤주의를 식별해 내는 일인 경우가 많았습니다. 이 플라톤주의는 교부들이 알았고 어딘가에 명시한 신학 전제들의 배경인 동시에, 이들이 알지 못했고 어디에도 명시하지 않은 신학적·윤리적 함의들의 배경이었습니다. 이를테면 세 번째 강연에서 언급했듯, 8세기와 9세기 신학자들이 교회에서 성상을 사용하자는 입장을 옹호하기 위해서는 플라톤주의가 필요했습니다. 그래서 당시 학자들은 전통 안에 숨겨져 있는 신학적 전제와 필연적인 신학적·전례적 함의를 찾아내려 했지요. 그리고 이러한 임무는 (이레네Irene 황후가 780년 섭정에 오른 일이라든가, 테오도라Theodora 황후가 842년 섭정이 된 것과 같은 정치 상황의 극적인 변화뿐 아니라) 4세기 위대한 카파도키아 교부들(카이사리아의 바실리우스, 니사의 그레고리우스, 나지안주스의 그레고리우스)의 저술들에 담긴 그리스도교화된 신플라톤주의의 보편 원리들을 도출하고, 이를 밀어붙인 덕분에 성공을 거둘 수 있었습니다.

이런 원리들 가운데서도 가장 중요한 원리는 감각-경험을 하는 개별자들과 보편적 형상의 관계에 관한 원리였습니다. 신학자들은 성육신의 유비를 통해 성상에 이 원리를 적용했지요. 그리하여 기존 전통에 성상에 반대하는 증거들(이 증거들이 무엇을 전제하고 암시하는지 간에)이 있는 상황 속에서도 그들은 성상을 정당화할 수 있었습니다. 물론 역사에는 반대의 경우도 있습니다. 아우구스티누스와 아퀴나스, 그 사이 신학자들의 작업이 잘 보여주듯 철학의 보편 원리가 변화했을 때 신학자들은 전통으로 내려오는, 타당한 교리와 형이상학 사이의 부적절한 동맹에서 교리를 구출하고 동시에 전통을 향한 충성과 지적 진실성을 지키는 방식으로 전통을 다루었지요.[18]

전통에는 이런 전제, 함의, 보편 원리와 유사하지만, 더욱 폭넓게 적용되는 동기들이 있는데, 이들은 창조적 충동을 꺾고 억압하기보다는 이 충동에 깊이와 힘을 더해 주곤 했습니다. 역사를 보면, 우리 시대에 이르기까지 많은 경우 전통은 창조적 표현을 할 수 있게 해 주는 주제들과 은유들을 끊임없이 제공했습니다. '지금, 여기'에 함몰되어 진부함과 범속함에 빠지지 않도록 말이지요. 유진 제노비스Eugene Genovese[*]

---

18 Etienne Gilson, 'Pourquoi saint Thomas a critiqué saint Augustin', *Archives d'histoire doctrinale et littéraire du Moyen Age 1* (1926): 5~127.

[*] 유진 제노비스(1930~2012)는 미국의 역사가다. 브루클린 대학에서 공부했으며 컬럼비아 대학교에서 석사, 박사 학위를 받았다. 이후 버지니아 윌리엄 앤 메리 대학, 조지아 대학교, 에모리 대학교 등에서 미국사를 가르쳤다. 미국 노예 제도 역사를 다룰 때 마르크스주의 관점을 도입한 이로 널리 알려져 있다. 90년대까지는 무신론자, 마르크스

가 쓴 『흘러라, 요단강아, 흘러라』Roll, Jordan, Roll는 풍부한 예를 들어 미국 흑인들이 다양한 측면에서 히브리 전통의 은유들, 특히 이스라엘의 이집트 포로 생활과 탈출에 관한 성서의 설명을 바탕으로 자신들의 경험을 해석했음을 보여줍니다. 이런 은유들에 기대어 그들은 자신들을 둘러싼 현실을 견뎠고, 동시에 현실에 분노했습니다.[19]

이와 비슷하게, 과학사학자들과 과학철학자들은 세계상 Weltbild이 형성되는 과정에서 뿌리 은유와 해석틀이 얼마나 커다란 역할을 하는지를 주목하기 시작했습니다. 어떤 은유가 선택되고 이 은유가 어떤 전통에서 나왔는가에 따라 우리의 세계 이해는 크게 달라진다는 것이지요.[20] 과학 분야에서 쓰이는 은유 중 상당수는 서방 그리스도교 정통 신학과 이른바 연금술 전통hermetic tradition인 마술의 경계에서 생겨났습니다. 케플러Johannes Kepler와 뉴턴Isaac Newton의 저술들만 보

주의자를 자임했으나 이후 로마 가톨릭 교회 신자가 되었다. 주요 저서로 『흘러라, 요단강아, 흘러라』Roll, Jordan, Roll, 『반란에서 혁명으로』 From Rebellion to Revolution 등이 있다.

19 Eugene D.Genovese, *Roll, Jordan, Roll: The World the Slaves Made* (New York: Pantheon Books, 1974)

20 Thomas Kuhn, *The Structures of Scientific Revolutions* (Chicago: University of Chicago Press, 1970) 『과학혁명의 구조』(까치)

아도 이를 손쉽게 알 수 있지요.[21] 실제 활동은 그렇지 않더라도 오랜 기간 과학 문헌들에서는 과학의 방법을 실증주의와 단순한 정의를 그 특징으로 보곤 했습니다. 그러나 과학의 발견이 여러 면에서 현실에 대한 미적 묘사와 유사하다는 인식이 힘을 얻기 시작했고, 과학사에서 전통과 진보의 관계는 갈릴레오나 다윈을 둘러싼 (사람들에게는 친숙한) 논쟁보다 훨씬 더 복잡하다는 생각이 자리 잡고 있습니다. 에머슨이나 앤드루 딕슨 화이트의 생각과는 달리, 과학사에서 전통은 싸움의 근원이기도 했지만, 통찰의 원천이기도 했습니다.

예술 영역에서도 전통은 상상력에 불을 붙이고 예술가들의 전망에 형태를 부여하는 역할, 지속적인 성상의 역할을 했다는 무수한 증거들이 있습니다. 전통주의가 창조적 충동을 억압한다는 것은 이야기의 절반에 불과하며, 어쩌면 절반에 못 미칠지도 모릅니다. 전통이 창조성을 억압한다고 믿는 사람은 베토벤Beethoven 《장엄 미사》Missa Solemnis의 '자비송'Kyrie부터 바흐Bach 《B단조 미사》B-Minor Mass의 '저희에게 평화를 주소서'Dona nobis pacem까지 미사곡들을 들어보시

---

21 다음을 참조하십시오. E.H.Johnson, 'Kepler and Mysticism', *Johann Kepler, 1571-1620: A Tercentenary Commemoration of His Life and Work* (Baltimore: History of Science Society, 1931) 그리고 다음을 참조하십시오. Frank Edward Manuel, *The Religion of Isaac Newton* (Oxford: Clarendon Press, 1974)

기 바랍니다. 그러면 이 작곡가들이 지극히 공적이고 철저하게 전통적인 라틴어 미사 통상문에 지극히 개인적이고 철저하게 주관적인 목소리를 담아냈음을 알 수 있을 것입니다. 이 작품들은 각각 너무나 색달라 얄팍한 해석자들은 이 작품들의 공통 요소인 미사 통상문을 등한시하면서 '한낱 전통'에 불과한 통상문은 작곡가들이 하고 싶은 말을 하게 해 주는 구실에 불과했다고 믿고 싶어 합니다. 하지만 로마 가톨릭교도 프리메이슨 단원 모차르트Mozart와 정통 루터교도 바흐와 신자와 불신자의 경계에 있던 베토벤이 미사곡을 작곡했을 때도 전통은 '한낱 전통'이 아니었습니다. 오히려 그리스와 히브리와 그리스도교 전통의 주제들을 기억하지 못하거나 거부하고, 이 전통들 덕분에 지난 2천여 년 동안 우리의 영적·미적 생활이 풍부해졌음을 부인하는, 전두엽을 절제한 듯한 예술적 창조성이야말로 '한낱 예술적 창조성'이라고 불러야 마땅하겠지요. 수력 발전소에 관한 교향시라든가, 거의 유아론적이고 제멋대로라고 할 만큼 사적인, 부조리를 향한 실존주의적 외침 같은 것들은 살아 있는 전통을 대체할 수 없음은 물론이고 "통찰을 따르는 시와 철학"조차 되지 못합니다.

해방은 규율을 지키고 경계를 인식하는 데서 시작됩니다.

예술의 창조성도 전통을 통해 이를 깨닫습니다. 리하르트 바그너Richard Wagner와 전통의 관계를 생각해 봐도 그렇지요. 둘은 완곡하게 말해 애증의 관계에 있었습니다. 그의 대다수 작품은 (고전, 게르만, 유대교, 그리스도교, 이 모두가 혼합된) 중세의 전통들을 재구성한 작품이라 해도 과언은 아닙니다. 바그너는 자신이 자신만의 어두침침한 종교성으로 이들을 통합할 적임자라고 믿었습니다. 또한, 니체Nietzsche가『음악의 정신으로부터의 비극의 탄생』The Birth of Tragedy from the Spirit of Music에서 언급했듯, 그는 자신이 '악극'이라는 새로운 매개를 제시함으로써 음악과 극 전통을 모두 대체할 새로운 형식을 창조했다고 믿었지요. 하지만 이런 믿음과 달리,《뉘른베르크의 장인가수》Die Meistersinger von Nürnberg를 제외하면 그가 전통에 관해, 전통과 현학적 전통주의의 구별에 관해, 그리고 전통과 자의적 주관성의 구별에 관해 예리하고도 창조적인 통찰을 보여 준 작품은 하나도 없습니다.

《뉘른베르크의 장인가수》에서 바그너가 자신을 비판한 이들을 희화화한 인물인 베크메서Beckmesser는 전통을 고수한다고 공언하지만, 사람들의 비웃음을 살 뿐입니다. 형식을 갖추지 못한, 원초적 재능의 전형인 발터Walther는 자신의 창조성과 통찰로 대가들의 전통을 뛰어넘으려 하지만, 하마터면 대회에서 패배하고 자신이 사랑하는 에바Eva도 잃을 위기에 봉착하지요. 이때 바그너의 입장을 대변하는 인물인 한스 작스Hans Sachs는 살아 있는 전통 때문에 창조성이 꺾이기보다는 오히려 전통을 통해 완전히 발휘된다는 사실을 발터에게 넌지시 알려 줌으로써, 전통 규칙을 향한 그의 경멸을 치유합니다. 마지막 독백에서 작스는 말합니다.

대가들을 경멸하지 말고, 그들의 예술을 공경하라!

이 말은 전통을 공경하라는 말과 다름이 없습니다. 앞에서 저는 스트라빈스키의 《봄의 제전》을 향한 전통주의자들의 적개심에 대해 이야기했습니다. 이제는 스트라빈스키가 줄곧 강조했던 한 가지를 언급해야겠습니다. 애초에 전통 안에서 훈련받지 않았다면 스트라빈스키는 그렇게 전통에 저항하지 못했을 것입니다. 이러한 맥락에서 그는 말했습니다.

바흐의 칸타타야말로 … 우리 래퍼토리의 중심에 놓여야 한다.[22]

---

22 Igor Stravinsky and Robert Craft, *Conversations with Igor Stravinsky* (Berkeley and Los Angeles: University of California Press, 1980), 31.

그는 자신이 전통의 정당한 후계자이자 충실한 제자라고 생각했고, 이제는 다른 많은 사람도 그렇게 스트라빈스키를 평가합니다.

전통과 통찰이라는 이분법은 역사의 무게를 이기지 못하고 무너졌습니다. '진보라는 도약'은 지금 서 있는 곳에서 출발하는 제자리멀리뛰기 같은 것이 아니라 전에 서 있던 곳들을 거쳐 다음에 서 있을 곳으로 나아가는 멀리뛰기입니다. 과학이든, 예술이든, 철학과 신학이든, 죽은 과거에서 완전히 자유로워지면 가장 순수하고 심오한 통찰을 얻을 수 있기라도 할 것처럼 전통을 계속해서 내버리는 방식으로는 통찰이 자라나지 않습니다. 역사에서 통찰은 그렇게 생겨나지 않았으며, 지금도 마찬가지입니다. 죽은 이들을 담론의 장에 불러들일 때 우리의 대화는 질적으로 풍요로워집니다. 이는 우리가 죽은 이들에게만 귀 기울여야 한다는 이야기도 아니고, 전통을 반복 재생하는 녹음기가 되어야 한다는 이야기도 아닙니다. 그건 죽은 이들의 살아있는 신앙이 아니라 살아있는 이들의 죽은 신앙에 불과합니다. 우리는 에머슨이 비난한 "전통"과 창조적으로 상호 작용하는 방법을 알아야 그가 옹호한 "통찰"을 얻을 수 있습니다. 에머슨이 ("호화로웠던 삶"이라는 단서를 붙이기는 했지만) 당대의 가장 현명하고 보편적인 정신이라는 합당한 찬사를 바친, 에머슨보다 연배가 조금 높은 요한 볼프강 폰 괴테Johann Wolfgang von Goethe는 이를 깊이 꿰뚫어 보고, 명쾌하게 말했습니다.

네 조상들에게서 상속받은 것,

그것을 가지려거든 그것을 다시 얻어야 할지니.[23]

---

23 Johann Wolfgang von Goethe, *Faust*, 682~83. 『파우스트』(길)

야로슬라프 펠리칸에 관하여

얀 슈마허Jan Schumacher

1950년대 초 칼 바르트는 19세기 개신교 신학에 관한 책을 한 권 출간했다. 이 책에서 그는 가장 재능 있는 신학자들이 당대의 문제들에서 벗어나 역사 속으로 도피하여 안전한 공간에서 역사 연구에만 매달린 것이 19세기의 폐단이었다고 진단한다. 1959년 바르트의 이 책이 영어로 번역 출간될 때 한 사람이 서문을 썼다. 당시 미국 루터교회 소속으로 시카고 대학교 교회사 교수를 맡고 있던 야로슬라프 펠리칸이었다. 그는 바르트의 주장에 이렇게 답했다.

칼 바르트가 조직신학자가 되기로 결심한 바로 그 순간, 개

신교 역사 신학은 한 명의 위대한 교리사가, 심지어 아돌프
폰 하르낙만큼 위대한 교리사가가 될 수 있던 이를 잃어버
렸다.[1]

펠리칸은 학자로서 평생 하르낙의 저술들과 긴밀하게 대화
했다. 20세기 최고의 신학자들을 꼽을 때 하르낙을 선정하
지 않는다거나 초기 교회의 교리 발전에 대한 하르낙의 독특
한 해석을 언급하지 않는다면 아마 그는 강력하게 반발할 것
이다. 펠리칸과 하르낙 사이에는 직접적인 연결 고리가 있기
도 했다. 펠리칸에게 교회사를 가르친 스승 빌헬름 파우크
Wilhelm Pauck[*]가 (바르트와 마찬가지로) 하르낙의 학생이었기 때
문이다. 그는 하르낙이 남긴 저술들과의 끊임없는 대화를 통

---

1 Karl Barth, *Protestant Thought: From Rousseau to Ritschl* (New York, 1959), 311.
   펠리칸의 서문은 7~10에 나온다.

* 빌헬름 파우크(1901~1981)는 독일 출신의 미국의 신학자다. 베를린 대
   학교에서 역사와 철학을 공부하려 했으나 칼 홀, 에른스트 트뢸치, 아
   돌프 폰 하르낙 등에게 강의를 들으며 신학 공부를 시작했고 1925년
   미국으로 옮겨 시카고 대학교 역사 신학 및 교회사 교수, 유니언 신학
   교 교수, 밴더빌트 대학교 교수, 스탠포드 대학교 명예교수를 지냈다.
   마르틴 루터를 포함한 종교개혁가들, 19세기 개신교 신학과 관련해
   주요한 연구서들을 남겼으며 미국 신학계에 칼 바르트, 틸리히, 하르
   낙과 트뢸치를 소개한 이로도 알려져 있다. 주요 저서로 『종교개혁의
   유산』The Heritage of the Reformation, 『칼 바르트』Karl Barth, 『하르낙과 트뢸
   치』Harnack and Troeltsch, 『폴 틸리히』Paul Tillich 등이 있다.

해 역사가가 된다는 것은 무엇을 의미하는지, 신학 분야에서 역사가의 과업은 무엇인지에 대한 자기 나름의 이해를 발전시켰다. 하지만 어떤 면에서, (의외일지도 모르나) 펠리칸은 바르트와도 깊은 관계를 맺었다.

약력

야로슬라프 펠리칸은 미국 오하이오주 애크런에서 태어났고, 부모님은 슬로바키아 출신 이민자였다. 그의 조부와 아버지는 모두 슬로바키아계 루터파 목회자들이었다. 22세에 펠리칸은 학업을 마치고 박사 학위를 취득했고, 때로는 특정 교단과 직접 관계된 기관에서, 때로는 교단으로부터 독립적인 환경에서 연구를 이어갔다. 1946~49년에는 발파라이소 대학교에서, 1949~53년에는 컨콜디아 신학교에서 교회사를 가르쳤으며, 1953년에 시카고 대학교 교수로 부임했다. 펠리칸의 경력은 예일 대학교에서 마무리되는데, 이곳에서 그는 스털링 교수에 임명되었고 25년 가까이 활동하다 1996년 은퇴했다(역사-철학 학부 학장을 5년간 맡기도 했다).

시카고 대학교와 예일 대학교 교수로 재임하던 시절 펠리칸은 거대한 기획의 산물이자 가장 중요한 저술인 그리스도교 전통의 역사를 다섯 권으로 펴냈다. 이 책의 1권은 1971

년, 마지막 권은 18년 뒤인 1989년에 나왔는데 1889년 하르낙의 『교리사』Lehrbuch der Dogmengeschichte가 완간된 지 정확히 100년이 되던 해였다. 학생 시절부터 펠리칸은 이런 책, 『교리사』에 견줄만한 책을 쓰는 것을 자신의 소명으로 여겼으며 시카고 대학교에서 그리스도교 사상사를 주제로 강의와 세미나를 이어가면서 본격적으로 이를 실행에 옮겼다. 이 기간 펠리칸은 교리사란 무엇인지, 역사 신학의 방법론 문제가 무엇인지를 설명하는 두 권의 저작을 선보였는데 하나는 『역사 신학 - 그리스도교 교리의 지속과 변화』Historical Theology: Continuity and Change in Christian Doctrine(1971)이고, 다른 하나는 1983년에 진행한 제퍼슨 강연을 묶은 『전통을 옹호하다』(1984)이다. 펠리칸은 『전통을 옹호하다』가 "전통이 전개되는 과정에서 지속되는 것과 변화하는 것"을 "체계적으로 되돌아본", "평생 해 온 연구를" 성찰한 책이라고 이야기했다. 이 책을 두고 캐나다의 문학 비평가 노스롭 프라이Northrop Frye[*]

---

[*] 노스롭 프라이(1912~1991)는 캐나다의 문학 비평가이자 개신교 목사다. 토론토 빅토리아 대학교에서 철학과 영문학을 공부한 뒤 토론토 대학교 임마누엘 칼리지에서 신학을 공부하고 1936년 캐나다 연합교회에서 목사 안수를 받았다. 이후 옥스퍼드 대학교 머튼 칼리지에서 공부했으며 캐나다로 돌아와 토론토 빅토리아 대학교 영문학과 교수로 활동했다. 윌리엄 블레이크에 대한 연구로 특히 널리 알려져 있으며 20세기를 대표하는 문학비평가 중 한 사람으로 평가받는다. 주요

는 전통에 관한 물음을 탐구하는 모든 이를 위한 "고전"이라고 칭송했다. 노스롭 프라이로 대표되는 문학 연구의 흐름에서도 전통은 중요한 역할을 하기 때문이다.

펠리칸은 자유롭게 학문 활동을 할 수 있는 환경에서 교수이자 저술가로 평생을 보냈다. 시카고 대학교, 예일 대학교는 그가 실용적인 목표와 관련된 여러 지침에 영향을 받지 않고 교회의 역사를 성찰할 수 있게 해 주었다(그는 교파와 긴밀하게 연결된 대학, 신학교에서는 연구에 어느 정도 제약을 받을 수밖에 없다고 생각했다). 교파 신학교(컨콜디아 신학교)에서 펠리칸이 교수로 활동한 기간은 그리 길지 않았다. 하지만 그때에도 그는 자신의 작업이 매우 방대한 분량을 요하는, 학술적 가치가 높은 작업임과 동시에 (40년 뒤 정교회 신자가 되는 것으로 귀결되는) 지극히 개인적인 "탐구"임을 직감했을지 모른다.

역사가의 과제

펠리칸이 19세기 개신교 신학을 다룬 칼 바르트의 책에 쓴 서문은 그가 역사가의 임무가 무엇이라고 여겼는지를 살펴볼 수 있는 좋은 예다. 여기서 그는 역사가란 자신을 통해

저서로 『비평의 해부』 Anatomy of Criticism(한길사), 『창조와 재창조』 Creation and Recreation, 『위대한 법전』 The Great Code 등이 있다.

목소리를 내는 과거에 독자들이 정신과 마음을 열도록 관심을 불러일으키고 자극을 주는 이라고 이야기한다(물론 여기에는 역사가가 과거와의 대화에 성공했다는 전제가 깔려 있다).[2]

바로 이 때문에 펠리칸은 바르트를 주목했다. 바르트는 자신이 전하는 시대가 독자를 사로잡도록 그 시대를 우리에게 전달했으며 이러한 힘은 과거가 역사가에게 말을 걸어야만 역사가를 통해 독자에게 말할 수 있음을 알고, 과거에 자신을 온전히 여는 바르트의 능력에서 나온다고 그는 생각했다. 역사가에게 결정적으로 필요한 이 능력을 펠리칸은 "다중 언어" 능력이라고 불렀다.[3] 그가 보기에 바르트는 위대한 "다중 언어" 능력자였으며, 이 점에서 열등한 모방자들, 바르트주의자들이 보여 준 옹졸함, 소심함과 대비를 이루었다. 많은 바르트주의자는 바르트의 저술에서 빛 자체를 보았다고 여겼으며, 하르낙처럼 역사라는 안개 속에서 길을 잃은 자유주의 신학자들의 저술을 읽어야 할 필요를 느끼지 않았다. 이와 달리 펠리칸은 "다중 언어"를 익히고자 하는 역사가로서 바르트뿐 아니라 하르낙을 평생의 대화 상대로 삼았

---

2 Karl Barth, *Protestant Thought*, 10.

3 Jaroslav Pelikan, 'The Historian as Polyglot', *Proceedings of the American Philosophical Society*, 137(1993), 659~68.

다. 그의 모든 저작은 이 대화의 흔적을 품고 있다.

역사가는 "다중 언어"를 사용한다

신학자들이 과거에 관심을 가지고 다른 시대에 속한 사상가들을 연구하며 시간을 보내야 하는 이유는 무엇인가? 이와 관련해 펠리칸은 종교 영역에서든 문화 영역에서든, 모든 인간, 모든 제도가 부적절한 영향에서 해방되기 위해서는 역사를 필요로 한다는 믿음 위에서 글을 썼다. 이때 영향이란 과거가 현재에 미치는 영향만을 뜻하지 않는다. 일종의 공기처럼 우리를 둘러싼 채 온갖 형태로 우리에게 영향을 미치는 것들에 적절히 대응하기 위해서는 과거를 면밀히 탐구해야 한다. 바로 이 점에서 역사가historian와 감사관auditor은 다르다. 감사관은 이전에 살았던 사람들과 견주었을 때 우리가 얼마나 멀리 왔는지를 설명하기 위해 과거를 검토한다. 이와 달리 역사가는 라틴어, 중세 영어, 고대 노르드어 같은 다른 언어를 익혀야 할 뿐 아니라 다른 시대와 대화하는 능력을 지녀야 한다. 역사가가 과거와 현재 사이에서 통역자 역할을 하려면 이 능력이 절대적으로 요구된다.

신학에서 이런 역사적 사고는 두말할 필요 없이 필수적이다. 교회는 전통을 머금고 있으며 이를 전달한다. 모든 전통

에서 벗어나야 한다고 외치는, 매우 급진적인 그리스도교인
조차 특정 전통에 속해 있다.[4] 과거를 해석하지 않고 그대로
두는 교회는 위기를 맞을 수밖에 없고, 그 위기 가운데 신앙
과 실천은 천천히, 그러나 확실히 의미를 상실해 간다. 이러
한 맥락에서 펠리칸은 유명한 격언을 남겼다.

> 전통은 죽은 이들의 살아 있는 신앙이고, 전통주의는 살아
> 있는 이들의 죽은 신앙이다.[5]

펠리칸에게 전통이란 "예수 그리스도의 교회가 하느님의 말
씀을 바탕으로 믿고 가르치고 고백하는 것"이다.[6] 역사가로
서 그는 이런 전통이 교회의 역사 전체에 걸쳐 존재해 왔다
는 가설을 견지했으며 이 전통이 발전한다는 관점으로 연구
하는 것을 중시했다.[7] 펠리칸은 전통이 연속성과 변화 사이

---

4 Jaroslav Pelikan, 'The Will to Believe and the Need of a Creed', *Orthodoxy
   & Western Culture. A Collection of Essays Honoring Jaroslav Pelikan on His Eightieth
   Birthday*(Crestwood, NY: St. Vladimir Seminary Press, 2005), 165~84.

5 Jaroslav Pelikan, The Vindication of Tradition(New Haven: Yale University Press,
   1984), 65.

6 Jarosalv Pelikan, *The Christian Tradition: A History of the Development of Doctrine:
   The Emergence of the Catholic Tradition*(Chicago: University of Chicago Press, 1971), 1.

7 나는 모든 신학 체계가, 심지어 이단의 신학 체계조차도, "하느님의

의 긴밀한 상호 작용을 통해 형성되었음을 발견하면서 이런 통찰을 얻었다. 그리고 이는 전통을 정적인 것으로 보는 '전통주의'에서는 받아들일 수도, 이해할 수도 없는 것이었다.

전례와 전통

역사 탐구의 대상으로 삼을 수 있는 이런 전통은 교회의 삶 어디에 존재할까? 어떤 이들은 그리스도교 교리를 요약한 신앙 고백 문서들에 전통이 담겨 있다고 생각한다. 어떤 이들은 설교에 전통이 녹아들어 있다고 믿으며, 어떤 이들은 신학자들의 연구가 발전해 온 과정을 살피면 전통을 알 수 있다고 여긴다. 이런 생각들이 완전히 틀렸다고 할 수는 없지만, 펠리칸은 전례가 가리키는 바를 잊으면 틀린 답이 될 수 있다고 생각했다. 그가 보기에 그리스도교 전통의 역사는 '그리스도교 교리의 역사'와는 다르다. 이러한 면에서 펠리칸은 교리사에서 탁월한 성취를 이루었기는 했으나 하르낙의 관점은 너무 협소하다고 여겼으며 '신학사'를 쓰려 하지

모든 계획"(사도 20:27)인 정통 교리의 타당한 일면을 강조하면서 다른 측면은 배제한다는 점을 깨닫게 되었다. 따라서 어떤 시대를 해석하기 위한 전제는 신학적 자유주의가 아니라 전통과 정통에서 찾아야 한다는 점 또한 깨닫게 되었다." Jaroslav Pelikan, *Orthodoxy & Western Culture*, 40.

않았다. 신학사는 신학자들의 역할에 너무 큰 중요성을 부여하기 때문이다. 물론 신학자들이 그리스도교 전통의 역사에 기여한 바가 미미하다는 뜻은 아니다. 하지만 그는 신학자들의 독창성을 중심으로 자료를 정리해 그 전개 과정을 살피기를 거부했다. 신학자들은 교회의 역사 전체를 관통하는 대화의 참여자로서만 중요성을 지닌다. 오히려 펠리칸은 신학자들이 성찰해야 하는 그리스도교 전통의 측면들을 부각하려 했고, 실제로 그런 부분들이 그가 쓴 서사의 구조와 방향을 결정하며, 두드러진 위치를 차지한다. 여러 장에 걸쳐 교회사의 변화무쌍한 시대들을 서술할 때 그의 목표는 여러 신학 학파를 소개하는 것이 아니었다. 대신 그는 각 시기의 중심 주제들이 그리스도교 전통이라는 거대한 서사 속에서 어떠한 구조를 형성했는지를 보이려 했다. 달리 말하면, 정제된 형태의 신조가 아니라 신앙과 예배, 설교와 가르침, 토론, 대화, 논쟁, 격론의 생생한 상호 작용으로부터 나온 교회의 가르침, 교리를 바탕으로 서사를 그리려 했다.

신앙과 예배, 설교와 가르침, 토론, 대화, 논쟁, 격론을 하나로 묶는 무언가가 있을까? 어떤 전통 또는는 (펠리칸이 자주 사용하는 다른 표현을 빌리면) "정통"orthodoxy을 전제하는 것이 가능할까? 이와 관련해 미국의 사상사가 아서 O. 러브조이

Arthur O. Lovejoy는 그리스도교에 내재적 통일성 같은 것은 없다고 주장한 바 있다.[8] 『그리스도교 전통』에서 (러브조이가 쓴) 『존재의 대연쇄』The Great Chain of Being를 긍정적으로 평가하기는 했으나 펠리칸의 입장은 러브조이와 정반대에 가까웠다. 그는 "정통"을 이루는 두 가지 요소, 즉 "가르침"와 "찬미"의 이원성이 그리스도교의 내재적 통일성과 일관성을 어디서 발견해야 하는지를 충분히 보여 준다고 이야기했다.[9] 그리스도교 전통을 이야기하며 전례를 논의하지 않는 것은, "가르침"을 전하는 것이 교회의 유일한 활동이 아니며, 심지어 가장 중요한 활동도 아니라는 사실을 망각한 것이다. "교회는 하느님을 찬미하고 인류를 섬기며, 이 세계를 변화시키고 다가올 세계를 향한 희망이 이루어지기를 기다리는" 공동체이기 때문이다.[10]

이처럼 펠리칸은 교리의 역사를 집필하는 거대한 과업에 착수하면서 전례에 중요한 역할을 부여했으며, 그렇게 함으로써 자신의 연구가 하르낙의 연구에 대한 일종의 '대응'임

8 Arthur O. Lovejoy, *The Great Chain of Being: A Study of the History of an Idea* (Cambridge, Mass: Harvard University Press, 1936), 6. 『존재의 대연쇄』(탐구당)

9 Jaroslav Pelikan, *The Emergence of the Catholic Tradition*, 361.

10 위의 책, 1.

을 분명히 했다. 하르낙은 교회의 교리가 형성된 과정이 전례와는 무관하다고 주장했지만, 펠리칸은 "기도의 법이 신앙의 법을 형성한다"라는 공식을 교리사 연구의 방법론으로 삼았다. 그렇게 그는 전례를 통해 살아 숨 쉬는 신앙이 명료하고 정교하게 표현되면서 그리스도교 교리가 발전해 나갔음을 입증하려 했다.[11]

전례는 교회의 역사에서 전통을 발견할 수 있는 가장 중요한 "장소"locus다. 전례 가운데 신앙은 살아 있는 당대의 문제가 된다. 교회의 역사는 예배, 기도, 찬양이 참된 신학의 물음들을 빚어냈다는 사실을 거듭 보여 준다. 펠리칸이 쓴 은유를 빌려 말하면, 전례에서 교회 전통이 드러나는 방식은 유괴범이 쓴, 몸값을 요구하는 편지를 떠올리게 한다. 우리가 익히 알듯 그런 편지는 여러 신문과 잡지에서 오려 낸 글자들을 짜 맞추어서 만들어진다. 유능한 수사관은 글자들이 어디서 나왔는지, 납치범의 속셈이 무엇인지 알아낼 수 있을 것이다. 하지만 편지를 받은 사람에게 의미 있는 것은 그 글자들이 한데 모여 만든 의미다.

한편, 전례는 전통의 또 다른 중요한 특징인 개방성을 보

---

11 Jaroslav Pelikan, 'The Predicament of the Christian Historian', *Center of Theological Enquiry*.

여 준다. 그러한 면에서 전통은 통일성을 지니고 있지만, 획일화되어 있지 않다. 그리고 여기서도 전례는 중요한 역할을 한다. 신학과 전례의 관계에서 신학을 살아 숨 쉬게 하는 것은 전례라고 펠리칸은 생각했다. 전례 언어는 우리가 하느님에 대해 이야기할 수 없음에도 불구하고 하느님에 대해 이야기한다는 심오한 역설을 간직하고 있기 때문이다.

발전과 연속성

전통이라는 개념을 펠리칸이 어떻게 이해했는지를 파악하기 위해서도 '다중 언어'는 중요하다.[12] 그리스도교 전통은 다양한 언어로 이야기한다. 그리스도교 언어는 기도, 찬미, 말, 침묵을 포괄하며 산문과 시를 아우른다. 논리의 일관성이라는 잣대만을 들이댄다면 이 언어가 지닌 넓이와 깊이를 온전히 다룰 수 없다. 전통은 연속성과 변화의 요소를 모두 갖고 있으며 펠리칸은 이 둘을 가지고 "교리의 발전"을 이해했다.[13] 이와 관련해 그는 하르낙과 더불어 존 헨리 뉴먼에게 커다란 빚을 지고 있음을 인정했다. 그에 따르면 "교리의 발

---

12 이와 관련된 펠리칸의 생각을 가장 잘 엿볼 수 있는 저술은 『전통을 옹호하다』이다.

13 『그리스도교 전통』의 부제가 '교리 발전의 역사'라는 점을 기억하라.

전"이라는 생각을 떠올린 이는 뉴먼이다.

> 나는 '교리의 발전'이라는 뉴먼의 개념을 받아들이고 적용
> 했다. "위대한 생각은 자신의 동일성을 유지하기 위해 변화
> 한다"는 뉴먼의 인상적인 모순어법에 기대어, 나는 그리스
> 도교 역사를 살피며 변화뿐만 아니라 연속성을, 좀 더 나아
> 가서는 변화 가운데 있는 연속성을 찾으려 노력했다.[14]

대작 (5권으로 이루어진)『그리스도교 전통』을 출간하면서 펠
리칸은『그리스도교 전통』에서 사용한 방법론을 관념사 및
문화사의 다양한 영역에 적용해 문화와 교회 전통 사이의 연
관성을 규명한 많은 저서를 발표했다. 물론 초기 저서인『루
터에서 키에르케고어까지』From Luther to Kierkegaard(1950)에서
이미 그는 이런 관점으로 근대 시기 철학의 역사를 다룬 바
있다.『아테네는 예루살렘과 어떠한 관련이 있는가?』What Has
Athens to do with Jerusalem?에서는『티마이오스』Timaeus에 관한 연
구를 통해 그리스도교 전통에 플라톤이 미친 영향을 다루었
으며,『신학자들 사이에서의 바흐』Bach among the Theologians를

---

14 Jaroslav Pelikan, 'The Predicament of the Christian Historian', 3.

통해서는 그리스도교 전통과 음악의 관계를 다루었다. 『연속성의 신비』The Mystery of Continuity(1986)와 『훌륭한 제국』The Excellent Empire(1987)에서는 서구 전통의 역사 이해를 다루었다(전자는 아우구스티누스, 후자는 에드워드 기번의 고전인 『로마제국 쇠망사』Decline and Fall of the Roman Empire를 다룬다. 펠리칸은 어린 시절부터 이 책을 즐겨 읽었다).

넓은 관점으로 신학하기

펠리칸은 역사 신학이 기존의 경계를 넘어 예술과 문학을 아울러 다루어야 한다고 믿었다. 정교회의 시각 예술을 다룬 『하느님의 형상』Imago Dei(1990), 단테의 『신곡』Divine Comedy을 다룬 『영원한 여성들』Eternal Feminines(1990), 괴테를 다룬 『신학자 파우스트』Faust the Theologian(2001, 펠리칸은 이 책을 노스롭 프라이에게 헌정했다)가 그 대표적인 예다. 자신의 대학 교수로서 경험을 성찰하며, 그리고 존 헨리 뉴먼 및 그의 저서 『대학의 이념』The Idea of the University과 대화를 나누며 미국 고등교육의 발전에 대해 논의한 『대학의 이념』The Idea of the University(1992)을 펴내기도 했다.

물론 펠리칸은 기존 역사 신학 영역에 충실한 책을 쓰기도 했다. 1959년에 쓴 『해설자 루터』Luther the Expositor는 루터의 성서 주석을 소개한 책이며 그가 편집자로 참여한 마르틴 루터 미국판 전집의 부록으로 출간되었다. 『순종하는 반란 자들』Obedient Rebels(1964)은 종교개혁 시대 신학을 다루고 있는데 이 책의 부제 '가톨릭 실체와 프로테스탄트 원리'Catholic Substance and Protestant Principle는 펠리칸이 어떤 관점으로 이 시기를 바라보았는지 잘 보여 준다.

좀 더 넓은 독자층을 염두에 두고 쓴 책들도 있다. 1985년 처음 출간된 『예수, 역사와 만나다』Jesus through the Centuries는 많은 독자에게 읽혔으며 여러 판으로 나왔다. 1996년에는 『예수, 역사와 만나다』와 같은 방식으로 문화사에서 마리아가 차지하는 위치를 다룬 『마리아, 역사와 만나다』Mary through the Centuries를 출간했으며 2005년에는 성서를 다룬 『성서, 역사와 만나다』Whose Bible is it?를 펴냈다(이 책에서 그의 모든 저술에 흐르고 있던 교회일치 관점은 또 다른 '책의 백성'인 유대인과 무슬림까지 확장된다).

생의 마지막 시기, 펠리칸은 인류사에 등장한 그리스도교 교회의 모든 신앙고백 문서를 현대 영어로 번역하는 대규모 사업에 참여했으며 이는 3권으로 이루어진 『그리스도교 전통 안에서의 신경들과 고백들』Creeds and Confessions of Faith in the Christian Tradition(2003, 원어 신앙고백문이 담긴 CD-ROM이 포함되어 있다)이라는 결실로 나왔다. 80세 생일을 축하하기 위해 출간된 헌정 논문집에 실린 「믿고자 하는 의향과 신경의 필요」The Will to Believe and the Need for Creed에서 말했듯 이 시기 그는 '지금, 여기'에 있는 개인의 신앙과 오랜 시간에 걸쳐 교회에서 함께 하는 고백 사이에서 일어나는 긴장이 언제까지 계속될 수는 없음을 강조했다. 그리고 이러한 생각 아래 그는 미국 루터교회를 떠났다.

정교회로의 여정

물론 『그리스도교 전통』을 접한 독자들이라면 이미 그가 정교회 전통에 특별한 관심을 기울였음을 감지할 것이다. '동방 그리스도교 세계의 정신(600~1700년)'The Spirit of Eastern Christendom (600-1700)이라는 부제를 지닌 제2권에서 그는 한 권 전체를 할애해 동방 교회 전통을 다루는데, 당시만 해도 서구 역사가들은 이 시기 동방 교회에 거의 관심을 기울이지 않았다. 펠리칸은 책을 시작하며 두 역사학자가 남긴 말을 인용한다.

(8세기 이후) 그리스 교회에서 교리의 역사는 끝났다. 그 역사가 다시 일어날 거라 상상하기 어렵다. (아돌프 폰 하르낙)

(동방 그리스도교인들은) 신성한 유산을 창조하고 발전시킨 정신을 물려받지 못한 채 생명이 없는 손으로 조상들의 부富를 쥐고 있다. (에드워드 기번)

8세기 이후에도 서방 교회와 동방 교회는 교류를 이어갔다는 사실은 제외하더라도, 이러한 진술들은 서구 역사가들이 동방 그리스도교에 대해 어떠한 편견을 갖고 있는지를 잘 보여 준다. 이에 맞서 펠리칸은 정교회가 죽은 정통주의가 아닌, 연속성과 변화라는 요소 모두를 갖춘 살아있는 전통임을 보여주고자 했다.

1992년 펠리칸은 애버딘 대학교에서 진행하는 기포드 강연에 초청을 받았다. 이 강연에서 그는 '동방 그리스도교 세계의 정신'에서 한 발짝 나와 그리스도교와 헬레니즘 고전 문화의 만남의 대표적인 예로 4세기 후반을 살았던 카파도키아 교부들(니사의 그레고리우스, 나지안주스의 그레고리우스, 바실리우스)의 작업을 집중적으로 다루었다.[15] 훗날 『그리스도교와 고전 문화』Christianity and Classical Culture라는 이름으로 출간된 이 강연에서 그는 자신의 지적, 문화적 역량을 십분 발휘

---

15 Jaroslav Pelikan, *Christianity and Classical Culture: The Metamorphosis of Natural Theology in the Christian Encounter with Hellenism* (New Haven and London, 1993)

했다. 책은 크게 '변증'apologetics과 '전제'presupposition라는 두 부분으로 이루어져 있는데, 이는 또다시 10개의 장으로 나뉘며 각 장은 다른 장에 대응하는 거울 구조로 구성되었다. 이를 통해 펠리칸은 그리스도교와 헬레니즘의 만남을 통해 자연 신학이 어떻게 변모했는지를 우아한 방식으로 그려낸다. 널리 알려져 있듯 하르낙은 그리스도교 교리를 복음이라는 토대 위에 그리스 정신이 덧입혀진 결과로 보았는데, 펠리칸이 보기에 그리스도교와 헬레니즘의 만남이 미친 영향을 온전히 파악하기에는 지나치게 단순했다. 하르낙이 4세기 이후 신학에서 순수한 복음과 사뭇 다른 '그리스 정신'을 보았다면, 펠리칸은 둘의 만남이 세계에 미친 '영향'을, 달리 말하면 문화 간 만남을 통해 어떠한 변화와 변형이 일어났는지를 보았다. 헬레니즘에는 의례 활동과 신과 관련된 이야기들을 지닌 전통 종교, 그리고 이에 대한 대안, 혹은 해독제로 등장한 철학 전통이 있었다. 이와 달리 그리스 교부들은 변증가, 철학자이면서 사제이자 설교가였다. 그들에게 신학은 그리스도교의 실천, 즉 전례와 분리되지 않았다. 이들의 작업을 통해 그리스도교는 고전적인 자연 신학과의 종합이 아닌, 변형을 이루어냈다고 펠리칸은 진단했다. 어떻게 해서 펠리칸은 하르낙과 이토록 다른 견해를 제시할 수 있었을까? 하르낙과는 다른 방식으로 역사를 보게 한 결정적인 요인은 무엇이었을까? (앞에서도 언급했지만) 그건 그가 그리스도교 전통에서 전례가 매우 중요한 역할을 맡고 있다고 보았기 때문이다. 하르낙과 하르낙으로 대표되는 학문으로서의 신학은 (동방 총대주교가 한 말이자 펠리칸 본인의 책 제목이기도 한) "신학의 선율"the melody of theology에 대한 감각을 결여하고 있다고 펠리칸은 생각했다. 1983년 발표한 한 논문에서 그는 말했다.

> 아우구스티누스의 제자는 이 '신학의 선율'을 "기도의 법이 신앙의 법을 세워야 한다"는 공식으로 만들었다. 그리고 이 원리의 가장 대표적인 사례는 삼위일체 교리였다. 엄밀한 의미에서 신약성서는 삼위일체 교리를 가르치지 않는다. 그러나 삼위일체 교리는 신약성서와 예배 저변에 있는 근본 흐름에 충실하기 위해 교회가 해야 하는 말의 방식이다. 교회가 예배를 통해 그리스도에 관해 하는 말이 옳다면, 그리고 동시에 성서가 증언하는 유일신론을 보존해야 한다면, 삼위일체 교리는 '신앙의 법'이 '기도의 법'에 순종하면서 '신학의 선율'을 조화롭게 노래할 수 있는 유일한 길이라

고 그는 생각했다.[16]

카파도키아 교부들에 관한 책을 출간하고 5년 뒤, 펠리칸은 정교회 신자가 되었다. 다른 이들이 어떻게 자신의 길을 돌이켰는지를 쓰면서 그는 정교회로 자신의 길을 돌이킨 것이다. 정교회 신자가 되며 그는 비행기가 활주로에 착륙하지 않고 오랫동안 주변을 계속 날아만 다닌다면 연료는 이내 고갈될 것이라고 말했다. 그리고 3년 뒤인 2006년 5월 13일 펠리칸은 정교회 신자로서 눈을 감았다.

교회는 과거에 의해 살지만, 미래를 위해 존재한다.

펠리칸은 대다수 그리스도교 역사가와는 사뭇 다른 길을 걸었다. 대다수 그리스도교 역사가는 과거 중 특정 시기를 선택해 점차 다루는 주제와 시기를 확장해 나가지만 펠리칸은 처음부터 그리스도교 역사 전체를 해석하고, 초기부터 현재에 이르기까지 그리스도교의 발전 과정을 다루겠다는 큰 꿈을 가지고 그리스도교 전통과 역사에 대한 성찰에 가장 크게 공헌한 두 19세기 사상가들인 아돌프 폰 하르낙, 존 헨리

---

16 Jaroslav Pelikan, 'Worship between Yesterday and Tomorrow', *Studia Liturgica*, 9(1973), 205.

뉴먼과 끊임없이 대화를 나누며 연구를 해나갔다. 이러한 측면에서 펠리칸의 작업은 교회사라는 학문 분야가 점점 더 전문화되는 경향에 대한 항의로 볼 수도 있다. 또한, 그의 저술 전반에는 과거를 구시대로 취급하고 여기서부터 벗어나는 것을 과제로 여기는 흐름이 장기적으로 돌이킬 수 없는 결과를 낳을 뿐이라는 깊은 신념이 녹아들어 있다. 이와 관련해 (그리고 미국 루터교를 염두에 두고) 그는 말했다.

> 우리는 너무나도 자주 교회가 즉각적으로 하느님에 대한 온전한 지식을 소유했다고, 특정 교회 전통 홀로, 혹은 특정 시기에 소유했다고 생각한다.[17]

그는 특정 시기 (특정) 교회가 완전한 형태의 그리스도교 교리를 보유했다고 믿는 것은 성숙하지 못할 뿐 아니라 해롭다고 여겼다. 교회를 이루는 지체로서 개인이 하느님을 알아가는 과정에 있어 더 성장할 필요가 없다고 여기는 태도 역시 마찬가지다. 이때 역사는 교회의 집단 기억 상실을 방지하는 데 중요한 역할을 한다. 역사가는 과거의 대변인이 되어야

---

17 위의 책, 207.

한다(이와 관련해 하르낙은 독일 교양층의 입맛에 맞게 과거를 바로 잡으려 했다고도 할 수 있다). 이는 그리스도교 역사가의 중요한 임무 중 하나는 교회가 어떠한 형태로든 현재 자신의 상태에 만족하고, 정당화하려는 것을 방해하는 것임을 의미한다. 역사가는 과거의 목소리를 잊으려 하는 교회에 맞서, 동시에 새롭게 과거의 목소리를 들어야 할 교회를 향해 과거의 목소리를 들려야 주어야 한다. 루터는 루터교인이기 때문에 연구하는 것이 아니다(당연히, 그는 루터교인이 아니었다). 칼뱅을 개혁주의자, 혹은 바르트주의자로 여기고 연구해서도 안 된다(당연히, 그는 개혁주의자도, 바르트주의자도 아니다). 역사가는 자신의 시대를 정당화하기 위해서, 혹은 순응하기 위해서가 아니라 미래를 위해, 과거를 돌아보는 작업을 수행해야 한다. 펠리칸은 말한다.

> 교회는 현대 사회를 살아가는 모든 이가 지닌, 기억상실증이라는 심각한 질병을 극복해야만 신학과 예배에서 진정한 창조성을 지닐 수 있다. 교회는 과거에 의해 살지만, 미래를 위해 존재한다.[18]

---

18 위의 책, 205.

· **Luther The Expositor: Introduction to the Reformer's Exegetical Writings** (St. Louis: Concordia Publishing House, 1959)

· **The Riddle of Roman Catholicism.** (Nashville, Tenn.: Abingdon Press, 1959)

· **The Shape of Death: Life, Death, and Immortality in the Early Fathers** (Nashville, Tenn.: Abingdon Press, 1961) 『죽음의 형태』(일맥사)

· **The Light of the World: A Basic Image in Early Christian Thought** (New York: Harper & Brothers, 1962)

· **From Luther to Kierkegaard: A Study in the History of Theology** (St. Louis: Concordia Publishing House Concordia Publishing House, 1963)

· **Obedient Rebels: Catholic Substance and Protestant Principle in Luther's Reformation** (New York: Harper and Row, 1964)

· **The Finality of Jesus Christ in an Age of Universal History: A Dilemma of the Third Century** (Virginia: John Knox Press, 1966)

· **Spirit versus Structure: Luther and the Institutions of the Church** (New York: Harper and Row, 1964)

· **Development of Christian Doctrine: Some Historical Prolegomena** (New Haven: Yale Univ. Press, 1969)

· **Historical Theology: Continuity And Change In Christian Doctrine** (New York: Corpus Books, 1971)

- The Christian Tradition: A History of the Development of Doctrine, 총 5권 (1971-1990).

  - 1권: The Emergence of the Catholic Tradition 100–600 (Chicago: University of Chicago Press, 1971) 『고대교회 교리사』(크리스챤다이제스트)

  - 2권: The Spirit of Eastern Christendom 600–1700 (Chicago: University of Chicago Press, 1974)

  - 3권: The Growth of Medieval Theology 600–1300 (Chicago: University of Chicago Press, 1978)

  - 4권: Reformation of Church and Dogma 1300–1700 (Chicago: University of Chicago Press,1984)

  - 5권: Christian Doctrine and Modern Culture since 1700 (Chicago: University of Chicago Press, 1990)

- Jesus Through the Centuries: His Place in the History of Culture (New Haven: Yale Univ. Press, 1985) 『예수, 역사와 만나다』(비아)

- Bach Among the Theologians (Philadelphia: Fortress Press, 1986)

- The Vindication of Tradition: The 1983 Jefferson Lecture in the Humanities (New Haven: Yale Univ. Press, 1986) 『전통을 옹호하다』(비아)

- The Mystery of Continuity: Time and History, Memory and Eternity in the Thought of Saint Augustine(Charlottesville: University Press of Virginia)

- The Excellent Empire: The Fall of Rome and the Triumph of the Church (San Francisco: Harper and Row, 1987)

- The Melody of Theology: A Philosophical Dictionary (Cambridge, MA: Harvard University Press, 1988)

- Imago Dei: The Byzantine Apologia for Icons (Princeton: Princeton University Press, 1990)

· Confessor Between East and West: A Portrait of Ukrainian Cardinal Josyf Slipyj (Grand Rapids, Mich.: William B. Eerdmans, 1990)

· Eternal Feminines: Three Theological Allegories in Dante's Paradiso (New Brunswick, N.J.: Rutgers University Press, 1990)

· Christianity and Classical Culture: The Metamorphosis of Natural Theology in the Christian Encounter with Hellenism (New Haven: Yale Univ. Press, 1993)

· Faust the Theologian (New Haven: Yale Univ. Press, 1995)

· Mary Through the Centuries: Her Place in the History of Culture (New Haven: Yale Univ. Press, 1996)

· Fools for Christ: Essays on the True, the Good, and the Beautiful (Philadelphia: Fortress Press, 1995)

· The Illustrated Jesus Through the Centuries (New Haven: Yale Univ. Press, 1997)

· What Has Athens to Do with Jerusalem? Timaeus and Genesis in Counterpoint (Michigan: University of Michigan Press, 1998)

· Divine Rhetoric: The Sermon on the Mount as Message and as Model in Augustine, Chrysostom, and Luther (New York: St. Vladimir's Seminary Press, 2000)

· Credo: Historical and Theological Guide to Creeds and Confessions of Faith in the Christian Tradition (New Haven: Yale Univ. Press, 2003)

· Interpreting the Bible and the Constitution (New Haven: Yale Univ. Press, 2004)

· Acts, Brazos Theological Commentary on the Bible (Grand Rapids: Brazos Press, 2005)

· Whose Bible Is It? A History of the Scriptures Through the Ages (New York : Viking, 2005) 『성서, 역사와 만나다』(비아)

전통을 옹호하다

- 전통의 의미와 재발견, 회복에 관하여

초판 1쇄 │ 2024년 4월 15일

지은이 │ 야로슬라프 펠리칸
옮긴이 │ 강성윤

발행처 │ 타임교육 C&P
발행인 │ 이길호
편집인 │ 이현은
편　집 │ 민경찬 · 정다운
검　토 │ 손승우 · 윤관
제　작 │ 김진식 · 김진현
재　무 │ 황인수 · 이남구 · 김규리
마케팅 │ 이태훈 · 민경찬
디자인 │ 손승우

출판등록 │ 2020년 7월 14일 제2020-000187호
주　소 │ 서울시 강남구 봉은사로 442 75th Avenue 빌딩 7층
주문전화 │ 02-590-9842
이메일 │ viapublisher@gmail.com

ISBN │ 979-11-93794-16-6 (03230)
한국어판 저작권 ⓒ 2024 타임교육C&P